Marina Saslawskaja / Hans Siwik
SPANIEN

Marina Saslawskaja / Hans Siwik

SPANIEN
Eine märchenhafte Reise
zu den schönsten Paradores

Droemer Knaur

Die Deutsche Bibliothek – CIP-Einheitsaufnahme

Spanien – eine märchenhafte Reise zu den schönsten Paradores
/ Marina Saslawskaja/Hans Siwik. – München : Droemer Knaur, 1997
ISBN 3-426-26928-7
NE: Zaslavskaja, Marina; Siwik, Hans

Die Folie des Schutzumschlags sowie die Einschweißfolie sind PE-Folien
und biologisch abbaubar.
Dieses Buch wurde auf chlor- und säurefreiem Papier gedruckt.

Copyright © Droemersche Verlagsanstalt Th. Knaur Nachf., München 1997
Das Werk einschließlich aller seiner Teile ist urheberrechtlich geschützt. Jede Verwertung
außerhalb der engen Grenzen des Urheberrechtsgesetzes ist ohne Zustimmung des
Verlages unzulässig und strafbar. Das gilt insbesondere für Vervielfältigungen,
Übersetzungen, Mikroverfilmungen und die Einspeicherung und Verarbeitung in
elektronischen Systemen.
Leica-Photographie Hans Siwik
Die Autoren danken für die Unterstützung ihrer Arbeit
Iberia, Avis, dem Spanischen Fremdenverkehrsamt in Frankfurt und der Direktion der
Paradores in Madrid.
Umschlaggestaltung: Marion Ernst und Sigfried Schiller
Umschlagbild: Hans Siwik
Gestaltung und Herstellung: Marion Ernst und Sigfried Schiller
Reproduktion: Karl Findl & Partners, Icking
Satz: Quark XPress 3.32
Druck und Bindung: Appl, Wemding
Printed in Germany
ISBN 3-426-26928-7

5 4 3 2 1

Inhalt

Vorwort – Wie ein König in Spanien ... 8

Cardona – Unterwegs zum heiligen Berg Kataloniens ... 10

Olite – Eine navarresische Romanze ... 26

Argómaniz – Im Land der Waldgeister und Dolmen ... 40

León – Im Land des Cid ... 52

Sigüenza – Die Stadt des Edelknappen ... 66

Cuenca – Spaziergänge zwischen Wirklichkeit und Phantasie ... 76

Toledo – Die magische Hauptstadt ... 90

Almagro – Eine Stadt an der Kreuzung der Ritterwege ... 104

Jaén – Schutz und Wache des kastilischen Königreichs ... 116

Granada – Irrgarten der Illusionen ... 128

Ronda – Von Dichtern, Schmugglern und Stierkämpfern ... 142

Carmona – Fünftausend Jahre Geschichte ... 154

Mérida – Die Römerstadt ... 168

Guadalupe – Das Dorf der schwarzen Madonna ... 180

Santiago de Compostela – Eine Stadt am Ende der Welt ... 194

Anhang ... 209

Wie ein König in Spanien

Wie viele Seelen hat Spanien? Bestimmt mehr als eine. Vielleicht deswegen ist das Land zu einem Reiseparadies geworden. Jedermann findet hier gerade das, was er sucht und braucht: Stille oder ein immerwährendes Fest der Gefühle, Offenheit oder Geheimnisvolles, Abgeschiedenheit oder den Rausch großstädtischen Lebens. Die Vielfalt macht die Faszination dieses Landes aus. Überwältigend ist der landschaftliche Reichtum der Natur, schneebedeckte Berge, heiße und trockene Ebenen, Wein- und Olivenfelder, die wie ein grüner Gürtel das Trockenland umsäumen, wildreiche Wälder, geheimnisvolle Höhlen und Schluchten, sonnige Sandstrände am Mittelmeer und karge felsige Küsten am Atlantik. Spannend ist die Vielfalt der Mentalitäten, die ihren Ursprung in der Geschichte Spaniens hat. Über Jahrtausende war die Iberische Halbinsel Einwanderungsland, viele Völker nannten sie ihre Heimat. So trafen in Spanien unterschiedliche Welten aufeinander: Okzident und Orient, Süden und Norden, Europa und Asien, Antike und Christentum, Islam und Judentum. Diese verschiedenen Einflüsse spürt man auch heute noch, denn *den* Spanier gibt es eigentlich nicht; ein Kastilier hat einen ganz anderen Charakter als ein Andalusier oder ein Asturier, und die Basken unterscheiden sich von Galiciern oder Katalanen nicht nur durch die Sprache.

Auf den Pfaden der Vergangenheit wandernd findet ein Spanienreisender die Spuren der Iberer und der Kelten, der Phönizier und der Karthager, der Römer und der Griechen, der Germanen, der Araber, der Juden … Dort, wo die Schnittstelle zwischen historischer Wahrheit und Mythos verläuft, begegnet man den Atlanten, den Nachkommen Noahs, dem dreiköpfigen iberischen König Gerion und dem Helden Herkules, den baskischen Waldgeistern und dem ägyptischen Gott Osiris.

Die »Wirklichkeit des Phantastischen« bildet die vierte Dimension der spanischen Kulturlandschaft mit ihren abendländischen Kastellen und arabischen Märchenschlössern. Sie ist der Schlüssel zum Geheimnis der Dolmen und der steinzeitlichen Höhlenmalerei, zur Symbolik der romanischen und gotischen Kirchen und Klöster. Ohne sich mit dieser Dimension vertraut zu machen versteht man kaum die Welt der Ritterorden, den Sinn der alten Pilgerstraßen, ja selbst die Wege der modernen spanischen Kunst. Ein Teil dieser »Wirklichkeit des Phantastischen« sind zweifelsohne die spanischen Paradores.

»El Parador«, die Herberge, heißen traditionell die Unterkünfte, die in Spanien mittellosen Reisenden zur Verfügung gestellt wurden. »El Parador« wurde auch das erste Haus einer staatlichen Hotelkette genannt, das 1928 im Auftrag König Alfonsos XIII. im Jagdgebiet der Sierra de Gredos gebaut wurde. Im Laufe der Zeit wurden weitere Häuser eingerichtet. Die Entfernung zwischen den einzelnen Paradores wurde so festgelegt, daß man immer an einem Tag die nächste Herberge erreichen konnte. Noch heute steht die Kette unter der Schirmherrschaft des spanischen Königshauses. Inzwischen ist das Wort »Paradores« zum Inbegriff spanischer Gastlichkeit geworden. Fast neunzig Hotels tragen diesen Namen. Ungefähr die Hälfte wurde in historischen Gemäuern untergebracht. So entgingen wertvolle Denkmäler der spanischen Geschichte dem Verfall: mittelalterliche Klöster und Burgen, Pilgerspitäler und Adelspaläste. Sorgfältig restauriert und ihrer neuen Aufgabe angepaßt, verbreiten die Paradores eine fast magische Atmosphäre. Umwoben von Legenden, im Herzen der Altstadt oder in wunderschöner Landschaft gelegen, bilden sie das Tor in die verschiedenen Regionen Spaniens.

Natürlich ist es nicht möglich, in einem Buch alle Paradores vorzustellen. Unser Anliegen ist es vielmehr, Anregungen für eine märchenhafte Reise durch Spanien zu geben, eine Reise, die rundum stimmig sein kann, die Unterkunft eingeschlossen. Aus eigener Erfahrung wissen wir: Wer einmal Geschmack daran gefunden hat, der wird immer wiederkommen. Auf unseren Reisen haben wir regelrechte »Sammler von Paradores« getroffen. Seit einiger Zeit gibt es auch einen Paradores-Club.

In unser Buch haben wir die Paradores aufgenommen, die unserer Meinung nach eine besonders interessante Geschichte oder eine ungewöhnliche und spannende Umgebung haben. Wer von einem Parador zum nächsten reist, wird auf ganz eigene, abenteuerliche Weise mit der Geschichte, der Kunst und dem Brauchtum Spaniens vertraut werden. So kann man Léon, Santiago de Compostela und den Jakobsweg kennenlernen, Toledo, die magische Hauptstadt Spaniens, die Zaubergärten der Alhambra, die Römerstadt Mérida und vieles andere. Und man reist »wie ein König in Spanien«, denn man hält sich in denselben Räumen auf, in denen einst die Katholischen Könige Isabella und Ferdinand, der mächtige Kardinal Mendoza, Pedro der Grausame und andere berühmte Persönlichkeiten der spanischen Geschichte verweilten. Komfort und spanische Küche machen das Abenteuer Paradores zu einem unvergleichlichen Genuß. Daß ein harmloser Spuk zu nächtlicher Stunde eventuell auch ein Gastzimmer heimsucht, muß man ab und zu einkalkulieren. Doch auf einer solchen Reise sollte das einen nicht wundernehmen.

Wir haben in diesem Buch viele phantastische Geschichten und Legenden versammelt. Manche von ihnen sind heute schon fast vergessen und finden sich nur noch in alten Chroniken und Reisebüchern, manche von ihnen wurden uns von freiwilligen Helfern erzählt: Bibliothekaren, Fremdenführern, Bauern, die im ganzen Land den Schatz der spanischen Volkskultur mit unermüdlichem Eifer pflegen … und den Mitarbeitern der Paradores, für die »Wirklichkeit des Phantastischen« alltäglich ist.

Hier ist Magie. In den Bereich des Zaubers
scheint das geheime Wort hinaufgestuft
und ist doch wirklich wie der Ruf des Taubers,
der nach der unsichtbaren Taube ruft.

R. M. Rilke

CARDONA
Unterwegs zum heiligen Berg Kataloniens

Verkannte Schönheit

Ein Clown steht regungslos auf einem kleinen Hocker, nur seine Augen leben. Wirft man eine Münze auf seinen Teller, wechselt er die Pose. Er ist der einzige, der auf der Rambla eine Maske trägt, aber trotzdem herrscht anscheinend das ganze Jahr auf der berühmtesten Straße Barcelonas Karnevalsstimmung. Abends trifft man sich auf dem Boulevard, der auf beiden Seiten von mondänen Adressen, einer Unmenge Hotels, Bars und Restaurants, gesäumt wird. Es ist schon ein besonderes Gefühl, einen Drink im »Café de l'Opera« zu genießen, in dem Casanova Stammgast gewesen sein soll. Noch schöner ist es wohl, im Freien Platz zu nehmen, eine schwarze Paella zu bestellen und währenddessen das bunte Treiben auf der Straße zu beobachten. Im Laternenlicht glänzt das Pflaster. Stellenweise wurde es mit einem farbenfrohen Ornament verziert, das von Miró entworfen ist. Abendkleider und ausgelaugte Jeans, Touristen und Einheimische, ausgeflippte Jugendliche und distinguierte Herrschaften, Straßenkünstler, Taschendiebe, Blumenverkäufer, Zigarettenhändler ... Das multinationale Stimmengewirr wird von Autohupen, Motorradlärm und Musik begleitet. Dort, wo der Vogelmarkt sich eingerichtet hat, übertönen Kanarienvögel und Papageien das Konzert. Dann und wann kräht ein Hahn aus vollem Halse. Nur die Edeltauben, die schmachtend ihr weißes Gefieder in den engen Käfigen entfalten, bleiben stumm. Hoch über den Köpfen der vielen Menschen windet sich ein Drache, der die Laterne an einem

Das Hinterland Kataloniens liegt abseits der touristischen Wege. Die stille Schönheit seiner Orte entdeckt nur der Gast, der eine Auge für Details hat.

Jugendstilhaus ziert. Wer an der richtigen Stelle steht, sieht direkt dahinter einen Heiligen auf der gegenüberliegenden Fassade – der alte Mythos vom Sant Hordi, dem Patron Kataloniens, wird hier lebendig. Die Straße, die zwischen diesen beiden Häusern beginnt, führt in eine ganz andere Welt.

Es ist still in den dunklen Gassen des Barri Gòtic. Ganz zufällig entdeckt man im Labyrinth der alten Gemäuer einige guterhaltene antike Säulen. Hier war der Anfang der Stadt, die den Karthagern ihren Namen verdankt. Die mittelalterlichen Paläste stellen eher schüchtern ihre immer wieder verkannte Schönheit zur Schau. Auf der Plaça del Rei, wo Isabella und Ferdinand Kolumbus nach seiner Rückkehr aus der Neuen Welt empfingen, entlockt eine junge Musikerin ihrer Gitarre verträumte Melodien. Die Plaça de Sant Jaume ist menschenleer, nur zwei Wächter unterhalten sich vor dem Palau de la Generalitat, dem Sitz der katalanischen Regierung, dessen Name an die verlorene Unabhängigkeit des Landes erinnert. In einer der Seitenstraßen, der Carrer Ferran, spielte der kleine Miró im Uhrenladen seines Vaters, während seine Mutter mit ihrer Freundin, der Mutter Pablo Picassos, ihre Zeit verbrachte. Später bekannte Miró, daß die romanische Tradition, die in Katalonien eine bedeutende Rolle spielt, in seinen Adern fließe. Die Eindrücke seiner Kindheit in Barcelona waren für den Maler sicher genauso wichtig. Auch Dalí, Picasso und viele andere Künstler der Moderne konnten sich dem Einfluß der Stadt nicht entziehen, einer Stadt, deren anarchische Veranlagung den praktischen Ordnungssinn des liberalen katalanischen Mittelstands fruchtbar ergänzt.

Die ungewöhnliche Silhouette der nicht fertiggestellten symbolbeladenen Kirche La Sagrada Familia beherrscht Barcelona. Wenn sie nachts angestrahlt ist, zeichnet sie sich gespenstisch gegen den Himmel ab. Tagsüber begegnet ihr das Auge ständig in ihren tausendfachen Reproduktionen: auf Büchern, Postern und T-Shirts, in der Metro und in Schaufenstern. Zu Wahrzeichen der Stadt wurden auch andere Bauwerke Gaudis: Wohnhäuser, deren Fassaden an bewegte Wasserspiele erinnern; der Parc Güell mit seinen gedrehten Säulen, die wie verwachsene Bäume direkt aus der Erde emporsteigen, mit seinem Schmuckwerk aus Fliesensplittern und Keramikscherben, mit seinem lustigen kleinen Ungeheuer, das den Besucher direkt hinter dem Eingang empfängt. Die verspielte Architektur Gaudis tanzt im Straßenbild Barcelonas kaum aus der Reihe. Auf den breiten Avingudas reihen sich zahllose Prachtbauten im katalanischen Jugendstil aneinander. Zusammen mit den extravaganten Gebäuden, die erst nach dem Tod Francos entstanden, verleihen sie der zweitgrößten Stadt Spaniens einen besonderen Reiz.
Wer sein Auge in den Straßen und Museen Barcelonas gesättigt hat, sollte sich in das katalanische Hinterland begeben. Als Ausgangspunkt für diese Entdeckungsreise bietet sich der Parador von Cardona an. Hoch auf einem Berg liegt diese ungewöhnliche Herberge, die in der spektakulärsten Festungsanlage Kataloniens untergebracht ist. Schwer ruhen niedrige romanische Gewölbe auf dicken Mauern. Von dem kleinen Innenhof aus, in dem die mozarabischen Doppelfenster das Wolkenspiel widerspiegeln, wirkt die tausend Jahre alte Kirche Sant Vicenç eher klein. Wer die Kirche betritt, ist von ihren wahren Dimensionen überrascht. Zur Zeit

Viele Legenden ranken sich um die Burg der Herrscher von Cardona, in der heute ein Parador untergebracht ist.

der Vicomtes von Cardona, die nach den Herrschern von Barcelona die bedeutendste Familie Kataloniens waren, diente der Wehrturm immer wieder als Kerker. Seit dem elften Jahrhundert wird er Torre de la Virgen, Jungfrauenturm, genannt. Adalés, die schöne Tochter des Vicomte Ramon Folch, wurde darin festgehalten, nachdem ihre Brüder herausgefunden hatten, daß sie heimlich den maurischen Statthalter von Maldá geheiratet hatte. Vergebens ließ ihr Gemahl Abdallá ein riesiges Steinkreuz errichten, um seine Bekehrung zum Christentum zu beweisen: der Herr

von Cardona blieb hart. Erst auf dem Sterbebett soll er seinem Kind verziehen haben. Für Adalés aber war der Schock, nach so vielen Jahren der Finsternis und Einsamkeit wieder unter Menschen zu kommen und frische Luft zu atmen, zu groß: Sie brach tot über dem Sarg ihres Vaters zusammen. Abdallá rächte sich daraufhin blutig an den Brüdern seiner Angebeteten. Die Vendetta verwickelte das ganze Umland in einen unheilvollen Krieg, in dem Abdallá schließlich selbst zu Tode kam.

Gäste des Parador von Cardona berichten immer wieder, daß vom Zimmer 712, das in unmittelbarer Nachbarschaft zur Torre liegt, nachts seltsame Geräusche zu vernehmen sind, Türen und Fenster, die sich anscheinend von alleine öffnen und wieder ins Schloß fallen. Als der Parador für eine Weile geschlossen wurde, machten die Geräusche den Hund des Sicherheitsdienstes verrückt. Jeden Tag fand man ihn bellend und mit gesträubtem Fell vor der Tür des besagten Zimmers. Noch von einer anderen Erscheinung wird gesprochen: Ein Mann in mittelalterlichem Kleid und mit einem Überwurf aus Leopardenfell soll mehrmals in diesem Zimmer gesehen worden sein, allerdings nur, wenn es von Frauen bewohnt war. Meist jedoch herrscht Frieden in dem Parador.

Cardona selbst erscheint auf den ersten Blick verstaubt und farblos. Doch gibt es in der Altstadt zwei sympathische Plätze, auf denen man unter Platanen oder Arkadengängen im Schatten Platz nehmen kann. In einer der Seitenstraßen liegt ein kleines Salzmuseum. Die Geschichte der Stadt ist seit eh und je mit der Ausbeutung der Saline von Cardona verbunden. Schon in prähistorischer Zeit nutzten die Menschen hier die Salzvorkommen. Auch die Vicomtes von Cardona verdanken ihren Reichtum dem Salz. Einige hundert Meter führt der Tunnel inzwischen in das Innere des Berges. Heute kann man in Begleitung eines einheimischen Führers die Saline besichtigen.

Lange Zeit war Cardona allein auf den Wert, der im Innern der Muntanya del Sal ruht, fixiert. Erst in jüngster Vergangenheit nahm man die außerordentliche Schönheit des Berges wirklich wahr. Nun wird er als Naturdenkmal geschützt werden. Zu jeder Tageszeit leuchten die Steinformationen in einer Vielzahl verschiedener Farben: gelb, rosa, braun und lila ragen die Zacken des Bergmassivs in den Himmel und erinnern an die Rückenlinie eines Drachen. Das Auge des Betrachters verliert sich zwischen Hunderten glitzernder Spitzen, kleinen und größeren Schluchten, durch die sich Wasser einen Weg in die Freiheit bahnt. Der Besucher fühlt sich ein wenig wie Gulliver im Lande Liliput. Es braucht nicht viel Phantasie, um sich vorzustellen, daß sich die Tore zu

Inmitten der aufregenden Landschaft liegt das Heiligtum der Jungfrau von Montserrat.

diesen kleinen, von der Natur geschaffenen Märchenschlössern öffnen könnten und ein Volk von neugierigen Berggeistern herauskäme, die Gäste ihres einzigartigen Reiches zu begrüßen.

An besonders klaren Tagen kann man am Horizont die schneebedeckten Gipfel der Pyrenäen erkennen. Einer katalanischen Legende zufolge hat Herkules das Gebirge über dem Grab seiner geliebten Nymphe aufgetürmt, damit ihr Name nie vergessen werde. Von Cardona sind die Berge in einer guten Stunde erreichbar. An den Hängen haben

Mystik und Naturkräfte

sich zahlreiche moderne Wintersportorte ausgebreitet. Doch abseits der ausgetretenen Wege finden sich noch viele malerische Dörfer, Nestern gleich kleben sie an den Steilhängen. In vielen leben keine zwanzig Menschen mehr, manche Weiler sind ganz verlassen. Fast in jedem Dorf ist jedoch eine sehenswerte romanische Kirche erhalten geblieben, für die man sich den Schlüssel in einem der umliegenden Häuser besorgen muß. Und gerade in den einsamsten Winkeln entdeckt man dann plötzlich auch eine vornehme Villenanlage, die einer wohlhabenden Familie aus Barcelona gehört.

Wer sich vom Parador de Cardona nach Süden wendet, wird in der Ferne den Berg Montserrat erblicken. Er ist der heilige Berg der Katalanen. Die Geschichte der Madonna von Montserrat spiegelt wie viele Legenden ein Stück spanische Geschichte wider. Um die Heilige von den wütenden Sarazenen in Schutz zu bringen, versteckte man ihr Bildnis in den Bergen. Jahrhunderte später, als die Gegend schon wieder christliches Land war, wurde sie wie durch ein Wunder von Bauern wiederentdeckt. Riesige Felsen überragen den Gipfel des heiligen Berges. Sie erinnern an Pfeiler, Türme, Kegel und Kugeln. Manche Brocken wirken wie Lebewesen, und so haben sie im Laufe der Jahre Namen bekommen: die Adler, die verzauberten Mönche … Einsiedeleien, die auch an den unwegsamsten Stellen, von der Kraft tiefen Glaubens gestützt, errichtet wurden, bilden einen menschlichen

Nirgends ändert sich die Stimmung des Wetters so überraschend und schnell wie in Montserrat. Im wechselnden Licht wirken die Felsen wie Fabelwesen, die ihr eigenes, geheimnisvolles Leben führen.

Kontrast in der Landschaft von bedrohlichen Größen- und Kraftdimensionen. Bergsteiger, die sich per Seil in die Höhe arbeiten, wirken von Ferne wie harmlose Fliegen.

Weit unter ihnen, ungefähr auf der Mitte zwischen dieser Steinwüste und dem grünen Tal, liegt das Kloster Montserrat. Irgendwann war es sicherlich ein ebenso faszinierender Ort der Stille wie die umliegenden Einsiedeleien oder das Kloster Santa Cecilia, das ein wenig unterhalb der Straße zu erkennen ist. Leider wurden die Klostergemäuer im Laufe der Jahrhunderte mehrmals zerstört, zuletzt von den napoleonischen Truppen. Die Anlage, die danach entstand, entwickelte sich zu einer lärmenden Touristenattraktion. Die Katalanen, die in ganzen Dorfgemeinschaften zu dem Heiligtum pilgern und vor der Kathedrale lauthals feiern, scheint dies allerdings nicht zu stören. An Festtagen kommen mehrere tausend Besucher zum Kloster Montserrat. Dann verwandelt sich der Kirchplatz mit unzähligen katalanischen Mützen zu einem Mohnfeld.

Dichter und Denker fühlten sich von Montserrat angezogen. Ignatius von Loyola hielt vor dem Antlitz der Madonna, die ihm über dem Gipfel des Berges im Himmel erschien, Nachtwache. Goethe war von der Anmut des Berges verzaubert, und Schiller schrieb: »Montserrat bringt den Menschen von der Außenwelt zur Innenwelt.« Die Möglichkeit zu Ruhe und Besinnung, die jahrhundertelang die Menschen nach Montserrat kommen ließ, ist zwar von Lärm und Menschenmassen beeinträchtigt, doch verschwunden ist sie nicht. Um sie zu erleben, muß man nur früh genug am Tage den Weg auf den Berg finden.

Kurz vor Sonnenaufgang legt sich ein rötlicher Schimmer über den heiligen Berg. Nebelschwaden hüllen die Felsspitzen in einen fast durchsichtigen Schleier, und es scheint, als erwachten nun die Felsgeister, atmeten tief durch und versuchten die ersten Bewegungen des Tages. Irgendwo geht der Dunst in den dunkelblauen wolkenlosen Himmel über. Wenn der Tag beginnt, verdichtet sich der Dunst und füllt das Tal mit einem dichten weißen Nebelmeer, das an den Rändern einer wilden Brandung gleich zu brodeln scheint. Kein Mensch ist zu sehen, kein Auto zu hören, man ist mit sich und der Natur allein. Gegen sieben rufen die Glocken des Klosters Montserrat zur Frühmesse. Das Klostergebäude aber bleibt weiterhin unsichtbar. Etwas später melden sich die Glocken des Klosters San Benet, das etwas weiter unten im Tal liegt und sich schon aus dem Nebel befreit hat.

Der Betrachter erinnert sich der Worte Rilkes: »Man schlägt die Bibel auf und liest in der Landschaft weiter.«

OLITE

Eine navarresische Romanze

»Auf meiner Straße
such ich nach einem
alten Liede, an dem
der Duft der Zeiten
hängengeblieben...«

Juan Ramón Jiménez

Es gibt Wege, die Epochen und Kulturen überdauern. Sie tragen die Zeit mit sich, wie Flüsse das Wasser. Ihre mystische Anziehungskraft bleibt bestehen, unabhängig davon, an welche Götter die Menschen glauben, die auf ihnen wandern. Den Pilgerweg, der über die Pyrenäen an die galicische Küste führt, haben möglicherweise die legendären Atlanten begründet.

Manches Reich ging unter. Neue Zuwanderer bemächtigten sich der Iberischen Halbinsel. Das Mysterium des Weges, das Mysterium der Erneuerung des Lebens durch den Tod, paßte sich dem Zeitgeist an, veränderten seinen Namen. Die Christen nannten diese Wallfahrtsstraße Jakobsweg. Nachdem im fernen Galicien um das Jahr 812 der Sarg des Apostels Jakobus entdeckt wurde, erlebte der alte Initiationsweg seine Wiedergeburt. Tausende Pilger strömten nach Santiago de Compostela. Für sie wurden Kirchen und Klöster, bescheidene Herbergen und luxuriöse Spitäler errichtet. Große Baumeister verwandelten den Jakobsweg in eine Schatzkammer der europäischen Kultur.

Der moderne Jakobspilger ist vom Pferd auf das Auto umgestiegen, er hat keine Zeit für Mysterien. Trotzdem kann er sich dem magischen Einfluß der alten Pilgerstraße nicht entziehen. Die wirklichen Wallfahrer gehen allerdings nach wie vor zu Fuß. Sie setzen sich den Strapazen des Weges aus, die das Ziel nur reizvoller machen. Viele von ihnen kommen über den Paß Ibañeta nach Spanien. Nach dem mühsamen Weg über die Pyrenäen machen sie eine Pause in Roncesvalles, wo an der Stelle einer alten Pilgerherberge ein prachtvolles Augustinerkloster entstand. Bevor sie weiter nach Pamplona gehen, beten sie vor einem einfachen mittelalter-

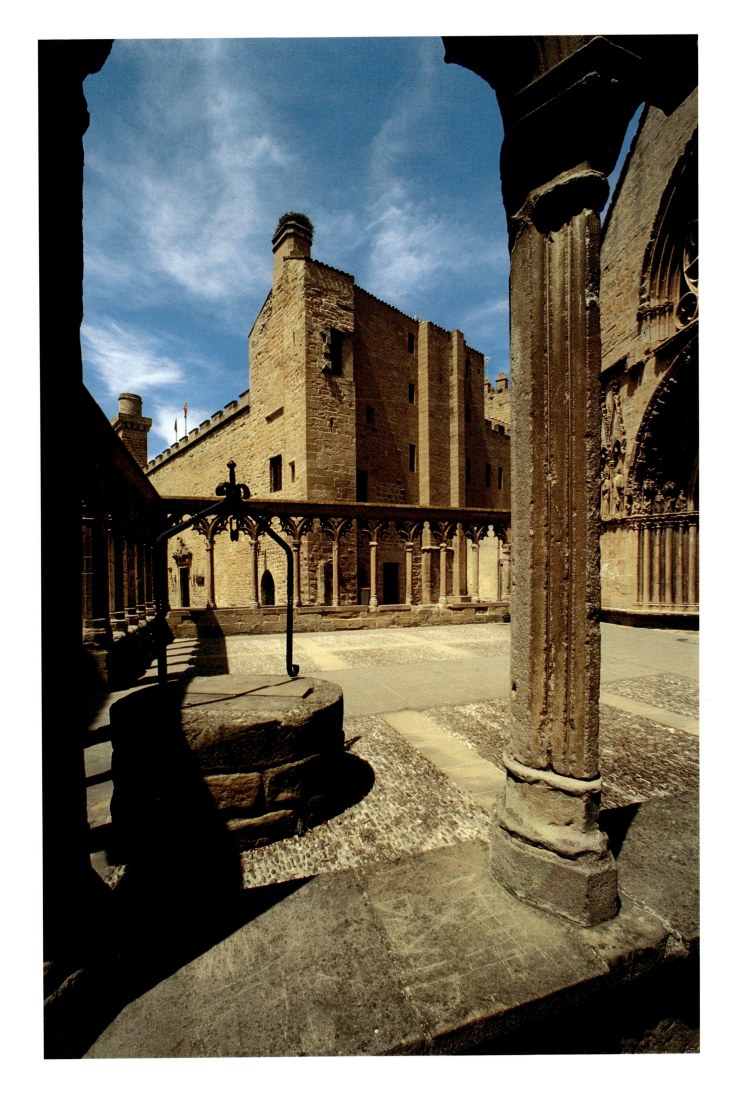

Die Gäste des Parador Príncipe de Viana, der in dem ältesten Teil der Festung von Olite gelegen ist, glauben in einem mittelalterlichen Roman zu blättern.

lichen Steinkreuz, das im Schatten der Bäume am Rand der Straße nach Valcarlos steht. Sie legen kleine Opfergaben in die Nischen: eine Blume, eine Münze oder einen Talisman. So gedenken sie ihrem Schutzgeber, dem vielbesungenen Ritter Roland, der im Jahr 778 hier zum letztenmal in sein Elfenbeinhorn gestoßen haben soll, als die Nachhut der zerschlagenen Armee Karls des Großen beim Rückzug aus Spanien von den aufständischen Basken vernichtet wurde. Andere Pilger erreichen das Land des Jakobus über den Puerto de Somport. Damit gelangen sie in die romantischste

Gegend Navarras. Der Jakobsstern führt sie an malerischen Klippen und Abgründen vorbei. In völliger Abgeschiedenheit entdecken sie das alte Kloster San Juan de la Peña. Mönche haben hier den Berg ausgehöhlt, um Boden für ihr Stift zu gewinnen. Eine kleine Kirche schmiegt sich an den mächtigen Fels, der sie fast zu erdrücken scheint. Von dem romanischen Kreuzgang sind nur die Säulen geblieben. Auf ihren Kapitellen verflechten sich graziös phantastische Tiere und Vögel. Adam und Eva werden von der Schlange in Versuchung gebracht, Jesus erscheint vor den ehrfürchtigen Fischern, und Jakobus ruht auf dem hundertäugigen Stein, überwältigt von seinen visionären Träumen. Die Ausstrahlung dieser Gegend ist kaum mit Worten zu beschreiben. Tausend Jahre alte Dörfer liegen in den Flußtälern. Geheime Pfade locken in den uralten Wald Irati, in dem die friedlose Seele der Mutter des Franzosenkönigs Heinrich IV. umhergeistern soll. Begibt man sich auf einen dieser Pfade, so verschwindet sofort die Straße und mit ihr Gegenwart und Wirklichkeit. Man fängt an, die Stimmen der Natur wieder wahrzunehmen. Und allmählich versteht man, warum ausgerechnet in den Pyrenäen die Legende von San Virila, dem Abt des Monasterio de Leyre, entstehen konnte, der dreihundert Jahre dem Lied der Nachtigall lauschte, ohne zu merken, wie darüber die Zeit verfloß.

In Puente la Reina treffen sich verschiedene Straßen, über die die Pilger aus Frankreich nach Spanien kommen. Das Städtchen Olite liegt etwas abseits dieser berühmten Wege. Fast immer blieb es im Schatten Pamplonas. Die Könige Navarras erinnerten sich seiner, wenn sie während der endlosen Kämpfe um die Krone des kleinen Reiches nach Ruhe und Vergnügen suchten. Karl III., der seinem müden Land für kurze Zeit Frieden schenkte, verlegte im fünfzehnten Jahrhundert den navarresischen Hof nach Olite. Der mittelalterliche Kern der Stadt mit dem prächtigen Königspalast ist unverändert erhalten geblieben. Der Volksmund behauptet, es gebe darin so viele Zimmer, wie das Jahr Tage hat. Türme und Türmchen, verspielte Galerien, Geheimgänge und zierlich geformte Fenster erinnern an die Beschreibungen in den großen Ritterromanen. Wer durch die alte Burganlage schlendert, kann sich gut die Protagonisten eines der Romane vorstellen. Es sind Karl, der Prinz von Viana, und seine Frau Agnés, die Prinzessin von Cleves. Die Poesie ist die wichtigste Staatsangelegenheit für den Prinzen. Er dichtet selbst, stellt die »Chronik der navarresischen Könige« zusammen und schreibt umfangreiche Studien über die universale Moral. Dem Beispiel seines ruhmreichen Großvaters folgend, den die Zeitgenossen den »zweiten Salomo« nannten, kümmert er sich tagtäglich um fünf arme Vagabunden. Troubadoure und Musiker finden immer Beschäftigung an seinem Hof. Die Leidenschaft des Prinzen gilt exotischen Tieren und Pflanzen. Der Schmuck der königlichen Gärten sind nicht nur Blumen aus aller Welt, sondern auch Pfauen, zahme Giraffen, Antilopen, Affen und Bären. Nachts werden die Gärten Schauplatz der erlesenen Feste, die die junge Prinzessin mit aller erdenklichen Geschicklichkeit vorbereitet. Zarte Melodien schweben über der schlafenden Stadt, manchmal übertönt sie das Brüllen des Löwen, der von seiner verlorengegangenen Freiheit träumt. Die Stimme des Königs der Tiere irritiert für einige Augenblicke die Hunde. Schließlich verschafft sich die Musik wieder Gehör …

Die Romanze in Olite dauert neun Jahre. Dann stirbt unerwartet die junge Prinzessin. Der Prinz, den der eigene Vater seines Reiches beraubt, wird nie König werden. Verraten, erniedrigt, eingekerkert, hält er sich an der Poesie fest und stärkt seine Seele mit den Übersetzungen der Werke, die ihn ansprechen: »Über die Tugenden und den Edelmut«, »Über den Genuß«, »Zu meiner Fantasie« … Die Nachkommen haben die Gedichte des unglücklichen Prinzen vergessen, aber nicht seinen Namen. Der Parador von Olite, der im alten Teil des Palastes untergebracht ist, wurde nach ihm benannt: Príncipe de Viana. Neben der verschnörkelten gotischen Arkade der Kirche Santa María la Real, in der die Bewohner der Stadt mit riesigem Pomp Hochzeiten feiern, wirkt die Fassade des Parador mit kleinen asymmetrischen Fenstern besonders wuchtig. Den Aufgang zu den Zimmern bewachen zwei eiserne Ritter. Abends leuchten in den hohlen Helmen rötliche Lichter. Dann bekommt die Szene einen etwas schauerlichen Reiz. In die eleganten Zimmer dringt die Sonne selbst am hellichten Tag nicht hinein. Balkone mit dichten Holzgittern schirmen sie ab und erlauben einen verstohlenen Blick in den Hof. Es hat etwas Reizvolles an sich, hinausblicken zu können, ohne gesehen zu werden. Gleich neben dem Parador liegt der Hauptplatz von Olite. Tagsüber ist hier nicht viel los, erst abends wird er lebendig. Laternen werfen warmes gelbes Bühnenlicht auf den Platz. Die Fassaden der noblen Häuser treten schemenhaft aus der Finsternis hervor. Kinder tanzen auf Rollschuhen im Licht, das Echo spielt mit ihren Stimmen. In den Straßencafés unterhalten sich die Erwachsenen bei einem Glas leichten und frischen Rosado, der in Navarra sehr beliebt ist, weil er nie müde macht. Das Wappen von Olite schmückt zwar ein Olivenbaum im Schutz der Festungstürme, eine Weinrebe wäre aber auch darauf vorstellbar.

Die Weinkeller von Olite sind nicht so berühmt wie die von Rioja, dafür bieten sie vorzügliche Weine sehr günstig an. Ein Sprichwort sagt: »Wer in Olite getrunken hat, dem wird der Weg nicht lang werden.« Die Weinkeller »Cavas carricas« liegen gleich hinter dem Stadttor auf dem Weg in die Altstadt, nur wenige Schritte vom Parador entfernt. In den spärlich beleuchteten Räumen stehen bauchige tonnenschwere Holzfässer. Hier wird man allein vom Duft trunken. Die schmalen Gänge zwischen den Regalen mit dunklen verstaubten Weinflaschen haben die Spinnen mit ihrem Gewebe dekoriert. Die Atmosphäre ist so geheimnisvoll, daß hier sogar schon Filme gedreht wurden. Ebenso interessant sind die Weinkeller des mittelalterlichen Klosters Santa María de la Oliva, das am Rand einer seltsamen Gegend liegt, die Las Bardenas Reales heißt.

Es gibt keine Wegweiser, die die Abzweigung von der Asphaltstraße auf die Sandpiste markieren. Auch innerhalb dieses öden Gebiets findet man kein Schild, selbst die Karte hilft hier wenig. Oft wird man von dem Gefühl ergriffen, in eine Irrwüste geraten zu sein. Eine Wüste im Herzen Europas. Wie ist es möglich, daß diese Wildnis so unberührt geblieben ist? Muß man das vielleicht den »hombres malos«, den »schlechten Menschen« zuschreiben? So werden die Banditen von den Einheimischen etwas verlegen genannt. Laut zahlreichen Überlieferungen haben die Bandoleros hier jahrhundertelang ihre Herbergen gehabt. Es gibt sie schon lange nicht mehr, aber die Aura verborgener Gefahr hat,

so scheint es, die Eroberung der Region durch den Massentourismus verhindert. Zum Glück! Die Fahrt durch die Landschaft, die keine Wegweiser kennt, ist abenteuerlich. Die Piste ist mal kaum sichtbar, mal von so tiefen Schlaglöchern übersät, daß das Auto jeden Augenblick steckenzubleiben droht. Oft bremst man an einer Stelle, die eine Kreuzung sein könnte: Wohin jetzt? Ein Tal erstreckt sich bis zum Horizont, eingekesselt von niedrigen Bergen. Hie und da ragen merkwürdige kegelartige Hügel empor. Sie wirken völlig irreal, als wären die Sandwirbel im Sturm plötzlich mitten in einer ungestümen Bewegung erstarrt. Tiefe Furchen ziehen sich durch das Erdreich. Es ähnelt dem Bett eines ausgetrockneten Flusses. Nach einem größeren Regen fließen hier tatsächlich reißende Ströme, aber sie verschwinden schnell, werden von der Erde verschluckt. Diese Furchen und Hügel sind das Ergebnis der Erosion. Der Boden ist hart und leuchtet in allen Gelbschattierungen, von hellen Tönen bis zu prächtigem Gold. Kein Laut, kein Leben, nichts rührt sich.

Plötzlich hört man in der Ferne die Töne von Schafglocken. Das Glockenkonzert wird immer deutlicher, aber die Tiere bleiben noch lange unsichtbar. So sehr gleicht die Farbe ihres Fells der des Bodens, daß man glauben könnte, ein Künstler habe diese Schafe aus Ton geformt und mit einigen Tricks in Bewegung gesetzt. Die Hirten, die in Las Bardenas seit Jahrhunderten ihre Herden weiden, sind ein eigentümliches Volk.

Schäferland – Räuberland

Sonne, Sand, Spuren niegewesener Flüsse, Ruinen, die sich in diesem Landstrich ohne Wegweiser nur schwer finden lassen, das ist Las Bardenas – eine der ungewöhnlichsten Regionen Spaniens.

Markante Gesichter, stolze Haltung: so wurden auf den Bildern der Romantiker Aristokraten und Räuberhauptleute dargestellt. Die Hirten von Las Bardenas waren gewissermaßen beides. Obwohl diese Gegend königliches Jagdrevier war, sind die Schäfer seine wahren Herrscher gewesen. Mit den Bandoleros kamen sie gut aus: schließlich verdankten sie ihnen, die Las Bardenas unsicher machten, ihre Freiheit. Inzwischen haben die Hirten sich an die Touristen gewöhnt. Geduldig und freundlich beschreiben sie den Weg zu dem Turm Peñaflor de Doña Blanca oder zu der behelfsmäßigen Festung des berühmten Banditen Sanchicorrota. Bis heute werden zahlreiche Geschichten über die Abenteuer dieses navarresischen Robin Hood erzählt.

Auf einem Hügel, am Rande eines winzigen Weizenfelds, das in dieser wüsten Gegend sofort heraussticht, sind die Reste seines Verstecks erhalten geblieben. Irgendwo muß auch der Eingang in die gefürchteten unterirdischen Keller sein, in denen die Gefangenen des Erbarmungslosen auf ihre Befreiung warteten.

ARGÓMANIZ

Im Land der Waldgeister und Dolmen

Die baskische Küste zwischen Bilbao und San Sebastián: jähe Abhänge, rauschendes Meer. In den Buchten liegen seit undenklicher Zeit kleine Fischerorte. Bunte Häuser hängen übereinander wie die Nester der Seevögel.

Vormittags sind die Häfen wie ausgestorben, nur die Möwen kreisen mit Gekreische über den leeren Anlegeplätzen. Sie warten auf die Rückkehr der Fischerboote: Dann fällt auch

Die Enkel Noahs

Wer den baskischen Rätseln auf die Spur kommen möchte, sollte sich für den Parador von Argómaniz entscheiden. Von dem schlichten Landschloß aus läßt sich das gesamte Baskenland bequem erschließen.

für sie etwas ab. Die Schiffe legen immer zur selben Zeit an. Sobald sie mit starken Seilen an den gußeisernen Pollern festgemacht haben, tragen die Fischer ihren Fang, silbrige Sardinen und Krevetten, an Land. Schon eine halbe Stunde später kann man den frischen Fisch kosten. Gegrillt wird direkt auf der Straße, so daß man beobachten kann, wie die bestellten Köstlichkeiten zubereitet werden. Mit den Käufern kommen auch Frauen und Mädchen zu den Schiffen. Sie setzen sich auf kleine Hocker vor die blauen und grünen Berge von Netzen. Nach und nach ziehen sie das nasse, nach Meer riechende Zeug auseinander, spannen es mit den Füßen an und flicken mit unglaublicher Geschicklichkeit die Löcher. Dabei wird geplaudert, gelacht, geflirtet, die Hände tun ihre Arbeit wie von alleine. Neben einigen Frauen stehen Kinderwagen. Friedlich schlafen die Babys mitten in dem Tumult, der Lärm eines arbeitenden Hafens macht ihnen nichts aus. Abgesehen von den Lastwagen, die in ihren Kühlschränken den Fang ins Landesinnere bringen werden, hat das tägliche Bild dieses Hafenlebens sich seit Jahrhunderten ebensowenig

 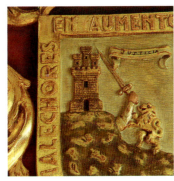  

verändert wie die Sprache, die diese Menschen mit ausgeprägten Gesichtszügen sprechen. Euskera, das Baskische, gilt als eine der ältesten Sprachen Europas. Es ist vermutlich die erste Sprache, die auf der Iberischen Halbinsel gesprochen wurde. Laut Überlieferung hat das Geschlecht Tubals, ein Enkel Noahs, diese Sprache bald nach der Sintflut hierher gebracht. Die wirkliche Herkunft der Basken bleibt eines der vielen Geheimnisse dieses Bergvolks. In dem schwer zugänglichen Land lebten sie frei von fremden Einflüssen. Auch als das Christentum in die baskischen Berge vordrang, behielten

sie im wesentlichen ihre Eigenart und ihre Bräuche bei. Zwar sind sie eifrige Katholiken geworden, doch hat sich kein anderes Volk Spaniens in solcher Fülle heidnische Mythen bewahrt wie die Basken.

Bis heute verehren sie die heilige Eiche von Guernica. Jahrhundertelang versammelte sich unter der Krone des mächtigen Baums der Rat der baskischen Würdenträger, die Könige schworen hier die Einhaltung der baskischen Sonderrechte. Im neunzehnten Jahrhundert pflanzte man neben den alten Stamm einen Sproß des Baumes. Wie durch Wunder überdauerte die Eiche die Bombardierung Guernicas während des spanischen Bürgerkriegs. Zum Glück! Der Verlust des heiligen Baums, so die Legende, hätte den Untergang des Baskenlandes zur Folge.

Für die Menschen, die auf den einsamen Gehöften in den grünen nebeligen Bergen der Provinz Guipúzcoa hausen, ist die Natur beseelt geblieben. Ihre Ahnen verehrten die Erde als die Mutter der Sonne und des Monds und als die Wohnstätte der Seelen und der Geister. Etwas von dieser Anbetung lebt unterschwellig noch heute. Wenn der Wind an den Baumkronen zerrt, dann heißt es: Baso Jaun, der Herr der Wälder, ist unterwegs. Halb Mensch, halb Geist, nimmt er verschiedene Gestalten an. Er kann gefährlich wie ein Raubtier, aber auch hilfreich sein. Wenn die Bauern seine Stimme hören, schlafen sie ruhig, denn sie wissen: Baso Jaun kümmert sich um ihre Herden. Ebenso wie Baso Jaun lebt die schöne Zauberin Baso Andre in der Tiefe der baskischen Wälder. Sie ist die Herrscherin über Blitz und Donner. Es liegt in ihrer Gewalt, Dürre oder Regen auszuschicken.

Die baskischen Waldgeister haben Macht über die Schätze der Erde. Ihnen soll nach dem Volksglauben seit Urzeiten der Getreideanbau vertraut gewesen sein, doch haben sie das Wissen den Menschen lange vorenthalten. Der heilige Martinico hat ihnen mit List das Geheimnis entrissen. Er besuchte die Geister und provozierte einen Kampf. Beim Ringen fiel er absichtlich in einen Haufen von gedroschenem Weizen und steckte heimlich einige der wertvollen Körnchen in seine Schuhe. So stahl der Heilige den Elementargeistern den Weizensamen und damit die Kunst des Ackerbaus.

Über diese und andere Heldentaten des heiligen Martinico weiß man in Argómaniz einiges zu erzählen. Der Ort besteht nur aus ein paar Häusern, einer halbverfallenen Kirche und einem kleinen Palast, in dem heute ein Parador untergebracht ist. Ländlich schlicht ist dieser Palast, dem die Züge der Renaissance zurückhaltende Eleganz verleihen. Einst war hier, unweit der Provinzhauptstadt Vitoria-Gasteiz, der Sitz der einflußreichen Familie Larrea. Sie besetzte wichtige Posten, stellte Minister, Professoren, Mitglieder des für die Kolonien zuständigen Indien-Rates. Selbst als Vertraute der Könige bewahrten die Larreas sich die Bodenständigkeit von Gutsherren. Die seltsame Mischung aus Hochmut, frommer Genügsamkeit und Pragmatismus strahlt auch das Schloß dieser stolzen Familie aus. Man darf hier keinen Prunk und Protz erwarten. Ein schlichtes, mit klassischen Säulen eingefaßtes Holztor führt von dem kleinen Vorplatz in die Innenräume des Gebäudes. Es wirkt sehr feierlich, erinnert fast an einen Tempel. Der alte Kornspeicher, in dem heute die Gäste des Parador die baskische Küche genießen, hätte dagegen durchaus in einen typischen Bauernhof gepaßt. Mit der Rückseite drückt sich der Palast der Larreas an einen

Oasen der Stille

»Tief ist der Brunnen der Zeit …«

Im Baskenland kann man bis auf seinen Grund schauen. In den Oasen der Stille, die oft nur wenige Schritte neben der Straße liegen, finden sich zahlreiche Zeugnisse verflossener Epochen: Dolmen, römische Brücken, romanische Kirchen.

Berg, aus den Fenstern der Hauptfassade schaut man ins Weite: Die Ebene von Álava, die dritte der baskischen Provinzen, war im Laufe ihrer Geschichte wesentlich mehr in das allgemeine Schicksal Spaniens verwickelt als Biskaya und Guipúzcoa. Hier herrschten einst die Römer. Nur elf Kilometer von Vitoria-Gasteiz entfernt befinden sich die Ausgrabungen der baskisch-römischen Siedlung Iruña, die Ptolemäus und andere antike Autoren erwähnen. Weitere römische Spuren entdeckt man in Trespuentes: Dort wölben sich die Bögen einer sehr harmonisch geformten römischen Brücke über den Fluß Zadorra, dessen Wasser leise und spiegelglatt zwischen den grünen, mit Schilfrohr bewachsenen Ufern dahingleiten. An der Grenze zwischen dem christlichen Norden und dem arabischen Süden, hat die Provinz Álava die wirren Zeiten der Reconquista und der Kriege zwischen Kastilien und Navarra miterlebt. Die Jakobspilger besuchten Vitoria-Gasteiz, um hier »Gott zu dienen und die Heiligen zu ehren«. Allerdings waren wohl nicht alle Heiligtümer echt, denn alte Dokumente berichten davon, daß hier »Schulen der falschen Blinden und Taubstummen, die unter sich die Almosen der devoten und barmherzigen Wallfahrer teilen«, florierten. Im Mittelalter liefen durch Álava wichtige Handelswege. Daran erinnern die gotische Altstadt von Vitoria-Gasteiz und die mit beeindruckendem Aufwand gebauten Häuser und Kirchen der winzigen Orte. In solchen Städten wird man immer wieder von dem Gefühl erfaßt, zu Stein erstarrte Vergangenheit zu berühren: Besonders dort, wo zudem noch die Denkmale einer ganz anderen Epoche erhalten geblieben sind.

Das Baskenland ist reich an Dolmen. Diese merkwürdigen Konstruktionen wurden zu einer Zeit errichtet, in der für die Toten sicherere Herbergen gebaut wurden als für die Lebenden. Auf unerklärliche Weise transportierten die Vorfahren der Basken – genauso wie Volksstämme in nordischen Ländern – die tonnenschweren Steine, oft kilometerweit, zu den geheiligten Plätzen. Es bleibt ein Geheimnis, wie sie es schafften, die Steine aufeinanderzutürmen. Auch ist es bis heute nicht gelungen, ihre Symbolsprache zu entziffern. Ratlos und staunend stehen wir davor. Nur eine Empfindung verbindet uns vielleicht mit jenen Menschen: die Ehrfurcht vor dem Unfaßbaren, die man unwillkürlich an solchen Stätten verspürt. Sehr verbreitet ist die Vorstellung, daß die Dolmen an den Stellen errichtet worden sind, an denen der Einfluß von kosmischen Energien besonders intensiv ist. Zahlreiche Legenden knüpfen sich bis heute an diese Steinkunstwerke. Im Baskenland glaubte man, daß die Dolmen von übernatürlichen Wesen gebaut wurden.

Unweit von Argómaniz, in der Umgebung des Ortes Salvatierra, findet man einige besonders interessante Dolmen. Eine andere Gruppe von Dolmen befindet sich in der Nähe des Städtchens Laguardia. Die Steinfelder liegen nur wenige Schritte von der Straße entfernt. Ein Dolmen ist in besonders gutem Zustand erhalten geblieben. Die Bewohner der umliegenden Dörfer nennen ihn »die Hütte der Zauberin«.

Hier ragen einige flache Steine fast senkrecht aus der Erde und bilden die Wände eines rechteckigen Kämmerchens, dessen Boden etwas tiefer liegt als die Erdoberfläche. Eine wuchtige Steinplatte überdacht das Ganze. Eine scharfkantige Bergkette erhebt sich im Hintergrund. Der Wind jagt auf dem blauen Himmel die grauen Wolken mit zerfetzten Rändern. Fliehendes Licht stiftet Unruhe. Nur über der »Hütte der Zauberin« scheint immer ein Schatten zu liegen, als ob die Sonnengeister diese Stelle meiden wollten.

Die Dolmengruppe bei Laguardia markiert die Grenze zwischen den Bergen und dem fruchtbaren Tal von Rioja Alavesa. Wer sich entscheidet, über die Bergstraße nach Argómaniz zu fahren, wird oberhalb der Dolmen an einen Aussichtsplatz gelangen, der einen unwahrscheinlich schönen Blick auf Rioja bietet. Bis zum Horizont erstrecken sich die Weinberge. Kleine Winzerorte ähneln einsamen Inseln. Die Kirchen erheben sich wie Klippen über den Boden. Von dieser Höhe sieht man die Unschönheiten des Alltags nicht mehr. Daher hat die Landschaft etwas sehr Ursprüngliches, Reines und Symbolhaftes. Der Mythos des Weines wird in einfacher Bildersprache erzählt: So sieht die Welt aus, seit Osiris seine Reise durch Asien und Europa gemacht hat. Der spanische Geschichtsschreiber Padre Juan de Mariana schreibt in seiner »Historia de España« dazu folgendes: »Und in allen Ländern, wo er ankam, lehrte er, wie man den Wein anbauen solle. ... So groß war sein Wissen, daß man ihn wie einen Gott anbetete. Zuletzt erreichte er Spanien, und wirkte dort genauso wie anderswo ...«

LEÓN

Im Land des Cid

Ein Eremit, der als Heiliger verehrt wurde, fühlte sich durch das Plätschern eines kleinen Baches in seinem Gebet gestört. Wie sehr er auch bemüht war, sich auf ein Zwiegespräch mit Gott zu konzentrieren, es wollte ihm nicht gelingen. »Alles sei still!« rief er schließlich erzürnt. Der Bach gehorchte: Er setzte geräuschlos seinen Lauf fort. Auch der Wind legte sich, und die Vögel sangen nicht mehr. Ob der Heilige nun Gott vernehmen konnte, wird nicht erzählt. Aber der grüne, feuchte Landstrich südlich von Ponferrada heißt seitdem das Tal der Stille. Der Name trifft zu. Selbst die Menschen, die in dieser verträumten Gegend in dunklen Steinhäusern unter glänzenden Schieferdächern leben, sind so wortkarg, daß man das Gefühl bekommt, der Fluch des Gottesdieners ließ auch sie verstummen.

Jenseits der Berge, die das Tal der Stille beschützen, liegt ein weiterer magischer Ort. Aus dem Dorf Carucedo führt ein Weg in einen Wald mit hundertjährigen Bäumen. In ihrem Schatten stellt man das Auto ab und läßt sich, dem guten Instinkt vertrauend, auf dem Pfad weiterführen. So erreicht man Las Médulas: Rötlich schimmernde spitze und kahle Berge, die ihr phantasmagorisches Spiel mit Licht, Farbe und Form treiben. Dunkle Gänge führen in das Innere der Berge. Sie sind, wie die Berge selbst, künstlich entstanden: Zweihundert Jahre lang bauten die Römer hier Gold ab.

Von dem Aussichtsplatz, der sich im Dorf Orellán befindet, wirken die Minen, eingebettet in die weite, von bläulichem Dunst überzogene Landschaft, wie eine verborgene heidnische Kultstätte.

Kaum eine Stunde von Las Médulas entfernt liegt Villafranca del Bierzo. Die Stadt war eine wichtige Station auf dem Jakobsweg. Für viele Pilger, die unterwegs erkrankt waren, ging die Reise in Villafranca del Bierzo zu Ende. Mit letzter Kraft zogen sie die Calle de Agua entlang. Die Pracht der wappengeschmückten Paläste nahmen sie kaum wahr. An einer Quelle, die hinter der Jakobskirche entspringt, ruhten sie sich aus und wuschen Gesicht und Hände. Dann näherten sie sich mit pochenden Herzen der Vergebungspforte. Hier bekamen sie den Segen von Compostela. Erst dann konnten sie den Heimweg antreten.

Die alte romanische Kirche von Villafranca del Bierzo ist sehr schlicht, aber es scheint, als füllten die ungezählten Schicksale, die im Laufe von acht Jahrhunderten hierher getragen wurden, den Raum mit Atmosphäre. Ergriffen tritt der Besucher wieder ins Freie. Der junge Pförtner schließt mit einem großen Schlüssel, an den eine Jakobsmuschel angekettet ist, die Puerta del Perdón ab. Draußen glänzen die zylindrischen Türme der Burg der Markgrafen von Villafranca del Bierzo, auf den dunkelgrünen Bergrücken wandern Wolkenschatten. Wer sich entscheidet, im Parador von Villafranca del Bierzo zu übernachten, sollte sich die Zeit nehmen und die Abendstimmung bis zum letzten Sonnenstrahl auskosten.

Dieser Parador ist zwar weder ein ehemaliges Kloster noch eine mittelalterliche Festung, aber dafür ist seine Lage für jeden, der das ausgesprochen interessante kastilischgalicische Grenzgebiet erkunden will, sehr günstig. Denn auf der Strecke zwischen Villafranca del Bierzo und León gibt es viel zu entdecken.

Ganz in der Nähe von Villafranca del Bierzo liegt Ponferrada mit seiner beeindruckenden Tempelritterburg. Wegen des

Pilgerpfad der Könige

Der Norden Kastiliens: stolz und rauh. Prunkvolle Königs- und Bischofssitze, in abgeschiedenen Tälern stille Orte der Besinnung; kontrastreiche Bilder und Welten, so fern voneinander und doch seit eh und je durch das Bewußtsein verbunden, Teil der großen Wallfahrtsstraße des Christentums zu sein.

Pilgermuseums und des von Gaudí erbauten Bischofspalasts lohnt Astorga den Besuch. In der Sierra de Ancares findet man Dörfer mit runden Häusern, die möglicherweise noch vor der römischen Invasion erbaut wurden. Ihre Wände sind aus grobgehauenen Steinen errichtet. Niedrige Strohdächer ähneln keck aufgesetzten, alten und geflickten Hirtenhüten. Die meisten dieser Pallozas dienen als Viehställe, in einigen wurden Museen eingerichtet, es soll aber auch solche geben, die noch heute von Menschen bewohnt werden. Es kommt einem so vor, als hätte die Geschichte einen großen Bogen um die Berge von Sierra Ancares gemacht.

Anders in Maragatería. Die Bewohner der Dörfer, die entlang des Jakobswegs entstanden, konnten direkt aus ihren Fenstern, wie aus den teuersten Theaterlogen, die »menschliche Komödie« mitverfolgen. Glanzvolle Kavalkaden zogen durch die steingepflasterten Straßen: Samt und Seide, Perlen und Edelsteine, Hochmut und Eitelkeit, Intrigen und Leidenschaften … In Rabanal del Camino stiegen die Könige von ihren Pferden, um sich zu erholen. In der kleinen Dorfkirche wurde für die pilgernden Hoheiten ein Gottesdienst abgehalten. Abends, bei einer deftigen Mahlzeit, unterhielt man sich (ganz so, wie das die heutigen Wallfahrer in der Herberge von Rabanal del Camino machen) mit Geschichten. Die Legende von Anseis, einem Günstling Karls des Großen, durfte dabei natürlich nicht fehlen, denn gerade hier, in Rabanal del Camino, soll der Ritter die Tochter des sarazenischen Herrschers, die hoffnungslos in ihn verliebt war, zur Frau gemacht haben. Die kurze Nacht verging schnell, am nächsten Morgen setzte die königliche Karawane ihre Reise fort.

Tief unten lag der fruchtbare, weinreiche Valle del Bierzo. In der klaren Morgenluft konnte man den Verlauf des schmalen Pilgerpfades ziemlich weit verfolgen. Neben einem Steinhügel blieb der Reiterzug stehen. Jeder warf einen Stein auf den Hügel, ohne sich Gedanken darüber zu machen, daß dies eigentlich ein heidnischer Brauch war.

Auch heute legen Pilger einen Stein auf den Hügel, der von Jahr zu Jahr wächst. Der fünf Meter hohe Eichenpfahl mit einem einfachen Eisenkreuz ist wahrscheinlich eines der bewegendsten und gleichzeitig schlichtesten Zeugnisse für die Sehnsucht der Menschen nach dem Himmel, das es in Europa gibt. Vor einiger Zeit errichtete ein junger Mann in seiner Nähe eine Pilgerherberge. In dieser armseligen dunklen Hütte führt er ein eintöniges Leben. Die Gespräche mit den Pilgern, die in seiner Hütte übernachten, sind seine Belohnung. Sie sind, so der Mann, die Entbehrungen wert, die er hier tagtäglich auf sich nimmt.

Welch ein Kontrast zu dieser bescheidenen Hütte ist das Pilgerhospital San Marcos in León mit seiner hundert Meter langen, mit Zierwerk überladenen Fassade! Im zwölften Jahrhundert bauten Santiago-Ritter ihren Sitz in León und boten den Wallfahrern ihre Dienste an. Der Katholische König Ferdinand stiftete im sechzehnten Jahrhundert ein neues Gebäude. Heute ist darin ein prunkvoller Parador untergebracht. Moderne und Renaissance, vergeistigte Atmosphäre eines Klosters und weltliche Überheblichkeit eines von den Herrschern begünstigten Hauses bilden hier eine einmalige Stimmung. Stundenlang kann man in dem herrlichen Innenhof verweilen, wo im Halbdunkel des Kreuzgangs die geheimnisvollen Schriften und Zeichen auf den archäologischen Fundstücken, die an die Wand angelehnt liegen, Rätsel aufgeben. Ein Bischof in Stein mustert prüfend flanierende Gäste. Der mächtigen Frauenfigur, die auf der anderen Seite des Kreuzgangs ein schweres Kreuz in den Händen trägt, kann man dagegen nicht in die Augen schauen: Sie sind verbunden, denn diese unheimliche Erscheinung, die gleichzeitig befremdend und anziehend ist, symbolisiert das Alte Testament. Auch die spätgotische Kirche, die an das alte Hospital angeschlossen ist, strahlt ungebrochene Frömmigkeit aus. In dem wunderbar geschnitzten Chorgestühl schneiden allerdings unzählige Dämonen obszöne Grimassen. Man kann darüber sinnieren, welchen Stellenwert diese zum Teil sehr erotischen Figuren in dem Weltbild des mittelalterlichen Menschen hatten und warum sie an einem solchen Platz durchaus angebracht waren – die Sünde, diese süße verbotene Frucht, lustvoll und phantasiereich dargestellt, bleibt greifbar nahe, und das Herz lacht.

Die Lust am Genuß spiegeln auch die Suiten des Parador wider. Hier ließen sich schon viele Große dieser Welt verwöhnen. Auch Franco hat die überschwengliche Pracht der Zimmer mit wappengeschmückten Betten, prächtigen Kronleuchtern und barock gerahmten Gemälden geliebt. Die Hochzeitsnacht in einer dieser luxuriösen Suiten zu verbringen gilt unter Spaniern als besonders schick.

Zieht man die schweren Vorhänge auseinander und öffnet

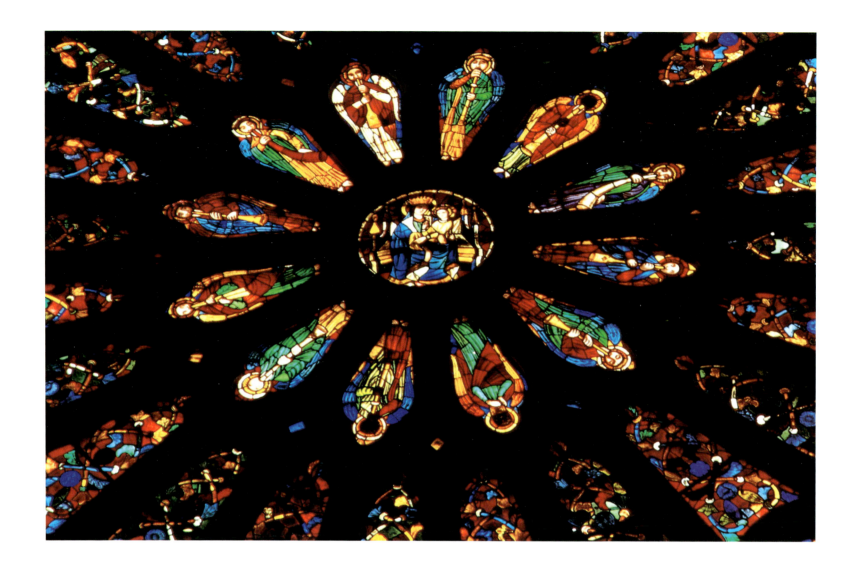

Die Pilger kommen nach León, um in der Kathedrale das Mysterium des Lichts zu erleben.

die Fenster, dringt die Großstadtwirklichkeit in die erstarrte Märchenwelt ein. Das alte Hospital, das ursprünglich einmal außerhalb der Stadtmauern lag, ist heute ein Teil des historischen Stadtkerns. Über breite Avenidas gelangt man zur Basilika San Isidoro, in der die sterblichen Überreste der kastilischen Könige ruhen. Die Kathedrale Santa María de la Regla, die als Paradebeispiel der französisch beeinflußten Gotik gilt, wirft ihren zackigen Schatten über die alten Gassen, die wegen ihrer vielen Bars und Restaurants »barrio húmedo«, »das feuchte Viertel«, genannt werden. In der

Überraschend ist das lustvolle Formenspiel an dem geschnitzten Chorgestühl der dem Parador von León angeschlossenen Kirche.

Touristenmenge, die sich hier tummelt, fallen müde Pilger mit Rucksäcken auf. Sie sind nach León gekommen, um das Mysterium des Lichts zu erleben: Wenn man die Kathedrale betritt, brauchen die Augen einige Sekunden, um sich auf die Dunkelheit einzustellen. Man nimmt nur das farbige Licht wahr, das durch hundertfünfundzwanzig bunte Glasfenster, siebenundfünfzig Öffnungen und drei grandiose Rosetten hereinströmt. Es ist wie ein Wunder, eines der vielen, die man auf dem Jakobsweg erleben kann.

Rittersitz, Pilgerspital, Dichterkerker … Heute verbirgt sich hinter der platteresken Fassade einer der schönsten Paradores Spaniens.

Nicht nur León, der ganze Norden Kastiliens ist vom Pilgerweg geprägt. Auch östlich von León liegen viele kleine Orte, die die große Geschichte erzählen: Sahagún, Frómista, Castrojeriz, Sasamon … Charakteristisch für die Region sind zahlreiche Burgruinen, denen Kastilien seinen Namen verdankt. Läßt man der Phantasie freien Lauf, so glaubt man das Wiehern der Schlachtrosse, das Klirren der Schwerter, das Stöhnen der Verwundeten zu hören. Wie oft zog der schwarze Rauch des Krieges über die Häuser, die möglichst nahe an Festungsmauern gebaut waren!

Hier tobten die grausamen Kämpfer des blutrünstigen Al-Mansur, die mit ihren krummen Säbeln alles niedermetzelten, was ihnen im Wege stand. Hier wuchs die Urzelle der Reconquista.

Rodrigo Díaz de Vivar, bekannt als El Cid, zog auf seinem berühmten Pferd Babieca durch diese weiten gelben Felder. Auf der Suche nach seinen Spuren kommt man immer wieder nach Burgos. Vivar, der Geburtsort des Helden, liegt nur wenige Kilometer entfernt. Auch das Kloster San Pedro de Cardeña birgt zahlreiche Erinnerungen an den Ritter. Dort wurde El Cid zusammen mit seiner Frau beigesetzt.

Das Grabmal ist heute noch zu sehen, die Gebeine des illustren Paars ruhen inzwischen in der phantastischen Kathedrale von Burgos. Auch die mit Sand gefüllte Truhe, die El Cid in seiner Not als Schatz ausgab und für viel Geld an die Juden verpfändete, wird in der Kathedrale aufbewahrt. Ob man dies als ein Delikt oder Heiligenverehrung betrachten soll? Nun, der Schwank ist die Würze der Geschichtsschreibung. Die Bronzefigur auf einem der Plätze in Burgos aber zeigt El Cid so, wie ihn die Spanier gern sehen: ein Kämpfer hoch zu Roß, weiter Umhang, langer Bart und der wilde Blick, den kein Feind ertragen konnte.

SIGÜENZA

Die Stadt des Edelknappen

Der König ist tot, es lebe der König!

Alfonso VIII. heißt der neue Herrscher Kastiliens. Er wird die mächtigen Almohaden-Kalifen schlagen und mehrmals in seinem Reich für Aufregung sorgen. Sein illustres Leben wird in ungezählten Legenden aufgearbeitet. Aber noch ist die Krone des unruhigen Königreichs für sein Haupt zu schwer, denn Alfonso VIII. ist ein Kind, und sein Recht auf den Thron ist umstritten: Vor den Toren des Ortes, an dem er sich aufhält, steht das Heer seines Onkels Ferdinand, der nach seiner Macht und seinem Leben trachtet. Es sind nicht die Ritter, sondern die einfachen Fuhrleute aus Atienza, die den kleinen König aus der belagerten Stadt befreien werden.

Auf dieses Ereignis aus dem Jahr 1162 nimmt das Fest, das in Atienza seit Jahrhunderten am Pfingstsonntag gefeiert wird, Bezug. An diesem Tag ziehen Reiter mit braunen Umhängen und schwarzen Hüten durch die steilen steingepflasterten Straßen. Vor der Kapelle La Estrella wird zelebriert, getanzt, gegessen. Und zu guter Letzt findet ein Pferderennen statt. Nach diesem durch und durch ritterlichen Vergnügen kehren die Bewohner Atienzas in ihre alten und erinnerungsträchtigen Häuser zurück. Die Fassaden mit schönen Wappen und Arkadengängen stammen aus der Zeit, als Atienza ein florierender Handelsort war. Selbst Könige kamen einst hier zusammen. Die Stadt war so reich, daß sie sich vierzehn Kirchen und Klöster und drei Hospitäler leisten konnte.

In schlechten Zeiten wandten sich die Atienzaer allerdings nicht selten an die Heiler und Hexen, an denen es hier auch nicht mangelte. Besonders bekannt war der alte Müller Pedro Alonso. Von weit her kamen die Kranken nach Atienza, um sich von ihm behandeln zu lassen. Und einmal soll sogar ein Geistlicher von La Santísima Trinidad bei dem unheimlichen Müller Zuflucht vor bösen Geistern gesucht haben. Fünf Nächte, so die Überlieferung, haben der Geistliche und der Hexenmeister gegen die Dämonen gekämpft, unzählige Vaterunser und Ave-Maria wurden gelesen, bis die teuflischen Boten gebannt und anschließend im Kamin verbrannt werden konnten.

Die Stimmung der Zeit, in der die Magie zum Alltag gehörte, lebt im Stadtbild Atienzas fort. Besonders stark empfindet man dies, wenn man die Burg von dem Hügel am Stadtrand betrachtet. Trotzig liegt sie auf dem schroffkantigen Felsen. Selbst El Cid soll behauptet haben, daß die Burg uneinnehmbar sei. Die Einheimischen sagen, sie ähnelt einem Schiff, das von einer hohen Sturmwelle getragen wird.

Atienza hinterläßt einen unvergeßlichen Eindruck. In der Provinz Guadalajara gibt es noch andere reizvolle Orte. Neben zahlreichen romantischen Ruinen und kleinen, oft halbverlassenen Dörfern von melancholischer Schönheit trifft man in Guadalajara auf eine abwechslungsreiche Landschaft: rote Mohnfelder, Pinien- und Pappelwälder, forellenreiche Flüsse, die Berge von Sierra del Ocejon, der Naturpark Alto Tajo, das Kräuterparadies Alcarria.

Südlich der Autobahn Madrid–Zaragoza ist das Flußtal des Gallos zur grünen Schlucht, Barranco de la Hoz, geworden. Die Natur zeigt sich hier in ihrer ganzen Üppigkeit. Von jeher wird die Schlucht als ein kultischer Platz angesehen. Im Mai findet in Barranco de la Hoz eine Wallfahrt zu Ehren der Virgen de la Hoz statt. Während der Prozession singen die Pilger uralte Loblieder, die in dieser Umgebung wie heidnische Hymnen klingen. Der Höhepunkt des Festes zu Ehren

der Jungfrau ist der Kampf des Guten gegen das Böse. Natürlich zieht das Böse jedesmal den kürzeren. Trotzdem jubeln die Zuschauer, wenn die satanischen Kräfte besiegt werden.

Nur selten sind Fremde Augenzeugen eines solchen Festes. Die Provinz Guadalajara wird von Reisenden wenig beachtet. Doch das hat sich geändert, seit es in dem historischen Ort Sigüenza einen Parador gibt.

Sigüenza zieht Besucher sofort in seinen Bann. Der mittelalterliche Kern, der nach der christlichen Rückeroberung der Stadt entstand, hat die wirren Zeiten unbeschadet überstanden. Alte Straßen liegen im Schatten zweier mächtiger Bauten: der Kathedrale und der Burg. So, zwischen Gott und Krieg, hat Sigüenza jahrhundertelang gelebt. Ein befestigter Bischofssitz, ein Schauplatz der Machtkämpfe des Hochadels und der Erbfolgekriege, eine Stadt der Geister, denen man immer wieder begegnet: im Thronsaal der Burg, auf den alten Plätzen, in den Kapellen der Kathedrale, die ein Mönch mit einem Bund riesiger Schlüssel so ehrfurchtsvoll aufschließt, als wären es die Pforten zum Paradies.

Der Eindruck, in einer Geisterstadt zu sein, ist in der sogenannten Sakristei der Köpfe am stärksten. Dreihundert Augenpaare blicken dem Besucher aus dem Renaissancegewölbe entgegen. Neugierig, verbittert, mißtrauisch, froh, nachdenklich – die gesamte Palette der menschlichen Gefühle drücken die Gesichter aus. Kein Gesicht ähnelt dem anderen, die meisten von ihnen haben lebende Vorbilder gehabt, denn der große spanische Künstler Covarrubias hat hier eine einzigartige Galerie mit Porträts der bedeutenden Persönlichkeiten seiner Epoche geschaffen.

Nach diesem »übervölkerten« und prunkvollen Raum wirkt die Kapelle des Doncel sehr schlicht und leer. Mehrere Gräber befinden sich hier, geschmückt mit den Bildnissen der Verstorbenen. Gewöhnlich werden Grabfiguren auf dem Rücken liegend dargestellt. Doch dies ist hier anders: Ein junger Ritter liegt, gestützt auf einen Ellenbogen, und liest in einem Buch. Entspannt und sanft ist sein schönes Gesicht, als ob der Held seine Ruhe genieße, nachdem die Zeit der Kämpfe für ihn vorüber ist. Don Martín Vázquez de Arce hieß der Ritter, doch viel eher ist er als El Doncel, der Edelknappe der Katholischen Königin Isabella, bekannt. Auf dem kleinen Platz Travesaña Alta steht noch das Haus, das seiner Familie gehörte: Ein kleiner schöner Bau mit Zinnen, Wappen und wuchtigem Tor. Von hier aus zog El Doncel in den Krieg gegen die Mauren. Trotz seines jugendlichen Alters galt er als sehr tapfer. Selbst die ungestüme Königin nannte ihn »mein Verrückter«. Einmal besuchte sie ihn im Lager bei

» Sehnig ausgemergelte, lichte Erde, Mutter frommer Herzen und starker Arme, der das Heute strahlt in den alten Farben glänzender Vorzeit... «

Miguel de Unamuno

Moclín, um ihm ihre Gunst zu bekunden. Als arabische Prinzessin gekleidet, muß sie ihrem jungen Anbeter wie ein Traumbild erschienen sein. Es war ein romantisches Treffen und wohl das letzte, denn bald darauf ist der Edelknappe in den Kämpfen um Granada gefallen.

Ein Jahr nach seinem Tod, 1487, besuchten die Katholischen Könige die Heimat des Doncel. Der Empfang war begeisternd. Zum Dank gewährten die Könige Privilegien der Stadt. Vielleicht hat Isabella auf diese Weise ihres treuen Edelknappen gedacht.

In den Tagen, die das königliche Paar in Sigüenza verbrachte, beherbergte die Burg in der oberen Stadt den kastilischen Hof. Die ehemalige arabische Alcazaba wurde gerade zum prachtvollen Bischofssitz umgebaut und machte selbst auf die an Prunk gewohnte Königin Isabella einen starken Eindruck. Ob ihr in jenen Nächten auch der Spuk der unglücklichen Doña Blanca begegnet ist, die ein Jahrhundert zuvor in der Burg von Sigüenza gefangengehalten wurde, darüber schweigen die Chroniken.

Die französische Prinzessin Blanca de Borbon kam 1353 nach Spanien, um die Frau des kastilischen Königs Pedro des Grausamen zu werden. In Valladolid wurde die Hochzeit gefeiert. Nach der Zeremonie aber wartete die schöne Französin vergebens in ihrem Gemach auf den ihr Angetrauten. Der König ließ sich nicht blicken. Zwei Tage später sagte Don Pedro sich von seiner Frau los und fuhr zu seiner Geliebten, Doña María de Padilla. Der Skandal war perfekt. Doña Blanca versuchte, ihre Rechte zu verteidigen, doch schließlich mußte sie zusammen mit den rebellischen Bastardbrüdern des Königs nach Toledo flüchten. Dort

Romantische Momente in Sigüenza:

die Kapelle El Doncel, die Kirche

der Burg, der Innenhof des Parador.

wurde die Königin gefaßt und ausgeliefert. Man brachte sie nach Sigüenza, wo sie in der Burg festgehalten wurde. »Und die Zinnen der Festungsmauer wurden ihr zur Krone«, bemerkt melancholisch eine mittelalterliche Legende. Umgeben von den wenigen Dienern, die ihr ergeben blieben, lebte sie von aller Welt vergessen. Da Pedro der Grausame für ihren Unterhalt nicht aufkommen wollte, mußte sie Stück für Stück alles an die Wucherer verkaufen, was sie einst aus ihrer Heimat mitgebracht hatte. Und das war nicht wenig: »Zwölf Truhen und sechs Ledersäcke, ein

In der Burg von Sigüenza wurde die unglückliche Doña Blanca, die verlassene Gattin des kastilischen Königs Pedro des Grausamen, mehrere Jahre festgehalten. Ihr rätselhaftes Schicksal beschäftigt die Bewohner der Stadt noch immer.

Bündel Matratzen, Wandteppiche und Juwelen: eine Krone mit Edelsteinen, ein Diadem mit zwölf Rubinen, zwanzig Smaragde, sechzehn Diamanten und vierzig Perlen sowie das königliche Gewand, geschmückt mit Federn und Hermelinpelz …« Nach vier Jahren in Sigüenza wurde die Königin zuerst nach Jerez de la Frontera überführt, dann nach Medina Sidonia. Dort starb sie im Alter von fünfundzwanzig Jahren. Ob Pedro der Grausame sie heimlich ermorden ließ, wurde nie ganz geklärt.

Doch schon bald nach ihrem Tod breitete sich in Sigüenza das Gerücht aus, daß Doña Blanca im Kastell zu sehen sei. Die »weiße Dame« beklagte sich über das Unrecht, das ihr angetan worden war, und suchte nach ihrem verlorenen Reichtum. Die alte Legende überdauerte die Jahrhunderte. Selbst heute bereichert man sie mit immer neuen Details. Als in den siebziger Jahren in der alten Burg ein Parador eingerichtet wurde, ließ man sich von der Erzählung inspirieren und rekonstruierte den »Kerker der Doña Blanca«, in dem die unglückliche Königin vermeintlich festgehalten wurde. Und es findet sich immer wieder irgend jemand, der behauptet, er habe Doña Blanca im weißen Kleid durch die stilvoll eingerichteten Salons und Korridore des Parador schweben sehen.

CUENCA
Spaziergänge zwischen Wirklichkeit und Phantasie

Hoch auf dem Gipfel eines einsamen, finsteren Berges liegt die Trümmerstadt Moya: ein Labyrinth von Mauerresten, eine Kirchenruine, ein halbverfallener Festungsturm. Die Mohnblüten in den Ritzen zwischen den morschen Steinen sehen wie Blutstropfen aus. In Moya versteht man, was der Ausdruck »tote Stille« wirklich bedeutet. Darum will man es im ersten Augenblick gar nicht glauben, wenn das Ohr die

Ein Gottesdienst der Geister

Tausend Pfade führen die Spanier in ihre Vergangenheit zurück. Sie ist ein selbstverständlicher und prägender Bestandteil des Alltags. In der Trümmerstadt Moya werden bis heute Gottesdienste abgehalten.

Stimmen vernimmt, die leise einen uralten Psalm singen. Ist das etwa der Wind? Eine Geistermesse? Weder noch! Mitten in dem Steinchaos entdeckt man eine kleine, frisch verputzte Kirche. Davor, auf einem Grasfleck, parken Autos. Die Kirche ist gut besucht, und es sind keine Geister, sondern Menschen aus Fleisch und Blut, quicklebendig und sonntäglich herausgeputzt. Als der Chor verstummt, ist der Gottesdienst zu Ende. Die Gemeinde geht auseinander, fröhlich und laut wie eine Schulklasse nach Unterrichtsschluß. Die einen laufen zu Fuß in ihr Dorf, die anderen begeben sich zu ihren Fahrzeugen. Eine phantastische Karawane setzt sich in Bewegung. Alles, was fahren kann, hat es plötzlich eilig, hupt, rast den ungepflasterten holprigen Weg hinunter: ein nagelneuer BMW, ein alter Fiat ohne Tür, ein klappriger Traktor. Eine Weile hört man noch das Lachen, das aufgeregte Geplauder und das Dröhnen der Musik aus dem Autoradio. Dann wird es wieder still. So still, daß man sich unwillkürlich fragt, ob diese Menschen wirklich hier waren, oder ob es bloß eine Sinnestäuschung war.

Auf einer Reise durch die Provinz Cuenca muß man ständig auf solche Spaziergänge zwischen Wirklichkeit und Phantasie gefaßt sein – vorausgesetzt, man ist bereit, derartige Phantasiebilder wahrzunehmen.

Wenn es stimmt, daß die Landschaft das Bewußtsein der Menschen prägt, so braucht man nach keiner anderen Erklärung zu suchen, warum der Glaube an das Übernatürliche in dieser Provinz mit ihren Felsen, Höhlen, Schluchten und Seen einst so stark war. Fast in jedem Dorf gab es einmal ein Gespenst, einen Kobold, eine Hexe. Die meisten dieser Überlieferungen stammen aus dem sechzehnten Jahrhundert. Damals brach ein regelrechter Hexenwahn in der Provinz aus. Die Erinnerungen an jene Zeit leben bis heute in einigen Ortsnamen und im Brauchtum fort.

Zu Lichtmeß tanzen die Teufel in der Kirche von Almonacid del Marquesado. Sie hüpfen und drehen sich wild, schütteln ihre grellfarbenen Blumenkappen. Mit jedem Sprung rasseln riesige Schellen, die auf ihre Rücken gebunden sind.

Am nächsten Tag, dem St.-Blasius-Tag, ziehen die Teufel noch einmal durchs Dorf, dann aber in bunten Narrenkleidern und mit hohen Bischofsmützen auf den Köpfen. Im Mai erscheinen die Teufel wieder – einige Kilometer weiter, in dem Ort El Hito. Ähnliche Teufelsfeste, »endiablada« genannt, finden auch in anderen Dörfern der Provinz statt.

Man kennt immer noch ziemlich genau die Stellen, wo sich die Hexen und Kobolde in früheren Zeiten am Sabbat versammelt haben sollen. In der Nähe von Molina de Aragón war das der See Laguna de Gallocanto, ein Platz, der vermeintlich bei Luzifer selbst sehr beliebt war. Ähnliches wurde über die Schluchten bei Hoz de Beteta erzählt.

Starke esoterische Ausstrahlung haben die Wasserkaskaden an der Quelle des Flusses Cuervo und die merkwürdigen, kreisförmigen Bodensenkungen Las Torcas, die durch unterirdische Wasserläufe entstanden sind. Sagenumwoben ist Ventano del Diabolo, das »Fenster des Teufels«, eine Felsenterrasse, von der sich ein atemberaubender Blick in die Júcar-Schlucht öffnet. Selbst im Zeitalter der Technik entstanden neue Legenden um diese Stelle. Man glaubt nämlich, daß es nicht ungefährlich ist, an der Ventano del Diabolo vorbeizufahren. Bleibt man dort auf der Strecke liegen, so wird nicht daran gezweifelt, daß böse Kräfte mit im Spiel waren.

Ein ganz besonderer Platz ist Ciudad Encantada, die Verzauberte Stadt. Dieser seltsame Steingarten liegt mitten im Wald. Wasser und Wind haben hier irreale Skulpturen geformt, die der Betrachter leicht wiedererkennen wird: die Schiffe, den Hund, das Mannsgesicht. Zwei Felsen sind besonders interessant. Die Einheimischen sagen, es sei ein Krokodil, das gegen einen Elefanten kämpft.

Höhepunkt auf dem Weg durch diese verzauberte Landschaft ist die Hauptstadt der Provinz, Cuenca. Ein Schatten des Geheimnisvollen liegt über diesem Ort. Steile Felsen fallen hier senkrecht in zwei tiefe Schluchten ab, die von den Flüssen Huécar und Júcar gebildet wurden. Auf dem kleinen Plateau drängen sich mittelalterliche Häuser, Kirchen, Klöster. Beim Spaziergang durch die alten Straßen wird man immer wieder von faszinierenden Ansichten überrascht. Besonders in den Seitengassen findet man Plätze, die einen nahezu magischen Reiz ausüben.

Da schaut man auf den Pferdebrocken, einen markanten Felsen, der aus dem Júcar emporragt. So heißt der Stein, seit-

Die mittelalterlichen Handwerker, die die berühmten »hängenden Häuser« von Cuenca bauten, fügten sich den Gegebenheiten, die die Landschaft ihnen hier vorgab. Von dem Kloster San Pablo (heute ein Parador) ist der Blick auf die ungewöhnliche Stadt am schönsten.

dem ein Liebhaber, der sich betrogen fühlte, sich an dieser Stelle in den Abgrund stürzte, um seiner Pein ein Ende zu setzen. Jahrhundertelang war es üblich, daß Mütter ihre Babys zum ersten Bad hierher brachten, um sie vor dem Unheil einer unglücklichen Liebe zu bewahren.

Vor dem Franziskanerkloster stößt man auf das steinerne »Kreuz des Bekehrten«. Hier soll ein Sünder dem Teufel entkommen sein. Mit so ungeheurer Kraft muß sich der Mann an dem Kreuz festgeklammert haben, daß im Stein der Abdruck seiner Hand sichtbar geblieben ist.

Irgendwo an der alten Stadtmauer soll ein verzauberter Schatz liegen, der mehrere Jahrhunderte einen Maurengeist in Cuenca gefangenhielt. Abgesehen von dieser Legende und der Torre de Mangana gibt es in Cuenca kaum etwas, was an die Araber erinnert, die die Stadt im achten Jahrhundert gründeten.

Im zwölften Jahrhundert wurde Cuenca von König Alfonso VIII. erobert. Auch er konnte sich der Faszination dieser Stadt nicht entziehen. Für zehn Jahre wurde Cuenca damals Sitz des kastilischen Hofs. Es bekam zahlreiche Privilegien, und der Bau der Kathedrale wurde in Angriff genommen. Schnell entwickelte sich Cuenca zu einem wichtigen Ort: Es wurde Bischofsresidenz, Universitätsstadt und Sitz der Heiligen Inquisition. Die Stadt wuchs, und der Platz auf dem

kleinen Plateau wurde immer enger. Im vierzehnten Jahrhundert wurden einige Häuser regelrecht über den Abgrund gebaut. Man muß schwindelfrei sein, um auf ihre zierlichen Holzbalkone hinaustreten zu können. Heute beherbergen diese Häuser das Museum für Abstrakte Kunst und ein Restaurant. Im Mittelalter soll in einem der Häuser die heimliche Geliebte des Prinzen Enrique de Trastámara festgehalten worden sein. Der künftige König Kastiliens hatte das Antlitz der schönen Catalina bei einem Empfang zufällig erblickt und entführte sie in der darauffolgenden Nacht. Nie wieder sahen die verzweifelten Eltern ihre Tochter. Dabei lebte sie ganz in ihrer Nähe. In ihrem goldenen Käfig wurde sie streng bewacht und leidenschaftlich geliebt. Als der Prinz zum König gekrönt wurde, war es aus mit der Liebe. Noch strenger wurde das verhängnisvolle Geheimnis gehütet. In einer Nacht kamen Soldaten ins Haus und entrissen Catalina ihren kleinen Sohn, die Frucht der sündigen Leidenschaft. Catalina wurde wahnsinnig und stürzte sich vom Balkon. In stürmischen Nächten heult der Wind in der Huécar-Schlucht … Die Einwohner Cuencas sagen, das sei die Stimme von Catalina, die weinend nach ihrem Kind ruft. Direkt gegenüber den hängenden Häusern, auf der anderen Seite der Schlucht, liegt das Kloster San Pablo aus dem sechzehnten Jahrhundert. In seinem ehemaligen Refektorium kann man bis heute das Wappen des Gründers, des Kanonikers Don Juan del Pozo, sehen. Einst, so die Legende, brachen zwei

In Cuenca weiß jeder Stein eine Geschichte zu erzählen. Die Legenden aus der Stadt und ihrer Umgebung würden zwei dicke Bände füllen. Auf sinnliche Weise spiegeln sie die Geschichte Kastiliens wider.

Diebe ins Haus des Geistlichen ein. Ein stummer Diener entdeckte sie und folgte ihnen heimlich bis zu ihrem Versteck. Am nächsten Morgen führte er seinen Herrn zu der Stelle, und dort fanden sie sein Geld und noch andere Schätze. Der fromme Kanoniker sah darin ein mahnendes Zeichen und verwendete die Beute für den Bau eines Klosters.

Seit einigen Jahren sitzt hier der Parador von Cuenca. Nicht selten begegnet man in den hellen, mit Antiquitäten und Wandteppichen eingerichteten Gängen des Parador den ehemaligen Seminaristen. Neugierigen erzählen sie gern von der Kälte in den unbeheizten Zellen, die heute gemütliche Gästezimmer sind, und von dem kleinen Esel, den man aus der Stadt mit einem Korb voll Almosen für die armen Mönche schickte.

Manche Mitarbeiter des Parador glauben, daß auch der Apostel Paulus das ehemalige Kloster besucht, das ihm einst gewidmet wurde. Was auch immer im Parador passiert, sie sagen: »Das ist der alte San Pablo!« Ein später Gast soll sich nicht wundern, wenn er sieht, wie der Portier seine Koffer entschlossen am Fahrstuhl vorbeischleppt und keuchend die Treppe hinaufsteigt. Die Erklärung, falls sie überhaupt kommt, klingt etwas verlegen: »Dieser Fahrstuhl ... wissen Sie ... ich bin nicht abergläubisch, aber er spielt verrückt. Manchmal fährt er plötzlich von alleine: rauf und runter, rauf und runter. Zehn Minuten lang. Wenn er endlich stehenbleibt und die Tür aufgeht, dann riecht es darin so merkwürdig ... nach Tabak und Weihrauch. Man sagt, es ist der alte San Pablo. Zu seiner Zeit, wissen Sie, da gab es ja keine Fahrstühle. Wahrscheinlich macht es ihm einfach Spaß ...«

In Cuenca sind Legenden allgegenwärtig.

TOLEDO
Die Magische Hauptstadt

»Dreihundertfünfzig Straßen gibt es in meinem Toledo, jede Straße zählt hundert Wunder, jedem Wunder wohnt Zauber inne...«

Spanisches Volkslied

Einst lauerten Räuber auf die reichen Kaufleute und Aristokraten, die nach Toledo reisten. Die Angst vor den Banden schien unüberwindbar zu sein. Man glaubte, daß der Hauptmann der Räuber der Ewige Jude sei, der seit Jahrtausenden in den toledanischen Höhen hauste. Weder die heilige Inquisition noch die königlichen Soldaten konnten ihm etwas anhaben. Mehrmals wurde er gefangen und gehängt – aber er war unsterblich, und man hörte schon bald wieder von ihm.

Heute steht auf dem kahlen Hügel, auf dem der Ewige Jude womöglich sein Versteck hatte, der Parador »Conde de Oropesa«. Er ist zwar in einem Neubau untergebracht, hat aber den Charme eines alten mondänen Landguts und ist besonders bei der spanischen Prominenz, Filmemachern und Künstlern beliebt. In unmittelbarer Umgebung findet sich der Fels des Maurenkönigs mit dem Grab des tapferen Prinzen Abdul, der 1085 beim Versuch, seine Braut aus den Händen der Christen zu befreien, gefallen war. Von dieser Stelle hat man einen besonders schönen Blick auf Toledo.

Im Herbst, wenn der morgendliche Dunst über dem Tajo aufsteigt, erscheint Toledo als Trauminsel, die sich zusammen mit dem Nebel jeden Augenblick in Luft auflösen könnte. Eine Fata Morgana, schwerelos, Sehnsüchte weckend. So hat man sich als Kind die Städte vorgestellt, in denen sich all die wunderbaren Geschichten ereigneten, über die man in alten Büchern mit fremdartigen Bildern gelesen hat. Das Quadrat des Alcázar, dunkle Straßenschluchten, umgeben von der mittelalterlichen Festungsmauer, massive Eichentore, die das geheime Leben der Innenhöfe beschützen. Langsam dringt die Sonne bis in die Gassen hinein. Zuerst streicht sie über

die Türme der Kathedrale und die Dächer der Häuser, dann berührt das zauberhafte Licht das verschnörkelte Schmiedeeisen der verglasten Balkone, die wie magische Kristalle glitzern. Mit einem trockenen Knall werden die Rollos herabgelassen: noch ein Augenblick Dämmerung, noch ein Augenblick Ruhe, bevor der Tumult des Tages die Stille vertreibt. Etwas später beginnt das tägliche Spiel der Verführung in der

Spanische Fata Morgana

An dem Felsen des Maurenkönigs verbrachte Prinz Abdul mehrere Tage. Sehnsüchtig blickte er auf die Stadt, in der seine Braut von den Christen gefangengehalten wurde. Der Versuch, sie zu befreien, kostete ihn das Leben.

Calle del Comercio und in der Calle Santo Tomé. In den Schaufenstern präsentieren sich die Versuchungen: Antiquitäten, reich bemalte Fächer, erlesene Spitzen, vor allem aber Dolche, Degen, Scheren, Messer – schwarzer Damaszenerstahl mit goldenen und silbernen Intarsien. Diese Kunstfertigkeit brachten die Araber aus Syrien nach Toledo, wo sie zu einer eigenen Tradition fand. Aus dem dunklen Innern eines Waffenlädchens schleppt ein Mann, der dem alt gewordenen Sancho Panza ähnelt, eine Eisenfigur des mageren Ritters auf die Straße hinaus. Er stellt seinen Don Quixote vor den Eingang und versinkt daneben in Erwartung eines Kunden in Halbschlaf. Ein blinder Losverkäufer kommt langsam die Straße herauf. Alle fünf Meter bleibt er stehen und wirbt mit der hohen wehmütigen Stimme eines Mullahs, der Allah sein Loblied singt, für seine Lose. Ein Gemüsehändler auf dem Motorrad mit einem Anhänger voll zartgrüner Salatköpfe hält kurz an, erkauft sich sein Recht auf das zufällige Glück, tauscht mit dem Blinden ein paar Worte. Ein Priester eilt in die Kathedrale. Nach-

denklich und ernst ist sein Gesicht. In seinem zeitlosen Gewand wirkt er wie ein Sendbote vergangener Tage. Aber auch er läßt in der tiefen Tasche seines Mantels einen Lotterieschein verschwinden: dem Himmel das Himmlische, doch das Irdische hat auch seine Berechtigung. Auf dem Parkplatz neben dem Alcázar bietet ein Armer seinen freiwilligen Dienst bei der Suche nach einem Platz an. Die Groschen, die er dafür zugesteckt bekommt, sind sein einziger Verdienst. Erste Besucher kommen durch den Bogen der arabischen Puerta del Sol in das Stadtinnere. Bevor sie zur Plaza del Zocodover gehen, wo man so gemütlich einen Kaffee trinken kann, klopfen sie an die Tür des Wohnhauses gegenüber der kleinen Moschee. Die Hausfrau kommt mit einem alten Schlüssel heraus und öffnet bereitwillig das Tor der Moschee, die einen seltsamen Namen trägt: Cristo de la Luz. Als Alfonso VI. im Triumph in Toledo einzog, ging sein Pferd vor der kleinen Moschee in die Knie. Der verwunderte König ließ die Moschee untersuchen, und tatsächlich entdeckte man ein Kruzifix, das die Westgoten in einer Nische eingemauert hatten, bevor sie vor den Mauren flüchteten. Zu Füßen des

Gekreuzigten brannte noch immer die Lampe, die dreihundert Jahre zuvor mit Öl gefüllt worden war. Daß die Kirche der Westgoten aus Gewohnheit bis heute als Moschee bezeichnet wird, ist typisch für Toledo, den Schmelztiegel der Kulturen und Zeiten.

Toletum der Römer, Tolaitola der Araber, Toldoth der Juden ... Ein Abkömmling Noahs, Tago, dessen Namen der Fluß Tajo trägt, soll Toledo gegründet haben. Doch schon vorher lebte hier ein Mensch, der aus dem Land Eden nach Kastilien kam. Er entdeckte in den Felsen eine Höhle, in der ein furchtbarer

Drei große Kulturen, drei große Religionen – Christentum, Judentum und Islam – haben Toledo geprägt.

Drache wohnte. Der Mann schloß Freundschaft mit dem Ungeheuer und lebte viele Jahre in der Höhle des Drachen. War es dieselbe Höhle, in der später Herkules verehrt wurde? Der Held soll darin prächtige Gemächer eingerichtet haben. Als er Spanien verließ, verschloß er mit einer Zauberformel den Eingang zu seinem unterirdischen Palast, in dem unermeßliche Schätze und das ganze Wissen der Vergangenheit ruhten. Großes Unheil erwartete jeden, der sich über das Verbot hinwegsetzte, den Palast zu betreten. Schon einige Male soll der Fluch des Herkules gewirkt haben.

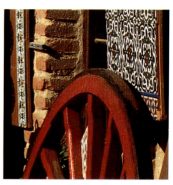

Etwa siebzig alte Patios gibt es in Toldeo. Die meisten entdeckt ein Fremder nur durch Zufall. In diesem Patio spielte sich das Drama der »Toledanischen Nacht« ab. Damals fielen vierhundert Würdenträger der Stadt der Rache des arabischen Herrschers zum Opfer.

Lange Zeit hatten die Keltiberer die uneingeschränkte Macht über ihre Stadt. Doch dann mußten sie vor einem Feind kapitulieren, gegen den niemand gewinnen konnte: Um 580 wurde die carpetanische Provinz von einer Heuschreckenplage verwüstet. »Kein Baum, kein Weinstock, kein Busch, keine Feldfrucht, nichts Grünes ist übriggeblieben«, berichtet Gregor von Tours. Haben vielleicht die Carpetaner versucht, die Herkuleshöhle auszuplündern? Darüber schweigen die Chroniken. Den Untergang des Westgotenreiches verbindet der Volksmund aber direkt mit dem Fluch der toledanischen Höhle. Als seine maßlosen Orgien die Kassen geleert hatten, erinnerte sich König Roderich der sagenhaften Schätze. Auf der Schwelle der Höhle soll eine Stimme zu ihm gesprochen haben: »Wehe dir, König! Die Fremden nehmen dir dein Reich!« So geschah es dann im Jahre 711. Damals landeten die Truppen des Statthalters von Tanger, Tarik Ibn Zigad, an der andalusischen Küste. In der Schlacht bei Guadelete kam Roderich ums Leben, und seine Armee wurde zerschlagen. Tarik drang blitzartig ins Landesinnere vor. Er kämpfte nicht nur für die Verbreitung des Islam, sondern wollte auch den sagenumwobenen Schatz von Toledo erbeuten, der in der arabischen Überlieferung der Schatz Salomos genannt wird …

Legenden über Legenden.

Als König Philipp II im sechzehnten Jahrhundert den Hof nach Madrid verlegte, wurden Geschichten für die Toledaner wichtiger als Geschichte. Toledo war fortan nicht mehr die Stadt der Könige, aber es blieb »das Herz Spaniens«, das Zentrum der Mystik, des Aberglaubens, der Phantasie. Den Ruf einer Stadt, in der der Zauber zum Alltag gehört, hat Toledo seit jener Zeit, da dort Moslems, Juden und Christen nebeneinander lebten. Es war eine Epoche ungewöhnlicher Toleranz, eine Zeit, in der die Grenzen zwischen den verschiedenen Religionen, zwischen Wissenschaft und Magie leicht überschritten werden konnten. Es war aber auch eine Zeit tragischer Mißverständnisse; denn alles Fremde ist nicht nur verlockend, es macht darüber hinaus Angst und wirkt provozierend. Daran denkt man unwillkürlich, wenn man vor dem Kloster San Juan de los Reyes steht, auf dessen Fassade Ketten und Handschellen an die Befreiung der Christen aus der arabischen Herrschaft erinnern. Oder wenn man durch die Gassen des jüdischen Viertels wandert, in dem die Häuser kleinen Festungen gleichen. Selbst als Toledo Zentrum der spanischen Juden war, fühlte sich das an Verfolgung gewohnte Volk bedroht und suchte hinter dicken Steinmauern Schutz. Das Mißtrauen beruhte allerdings auf Gegenseitigkeit. Fürchterliche Gerüchte über die mystischen Kulthandlungen der Juden gingen um. Jüdische Zauberkraft soll König Alfonso VIII. in leidenschaftliche Liebe zu der schönen Rachel entzündet haben. Das Mädchen wurde von Fanatikern umgebracht. Der verzweifelte Alfonso suchte daraufhin auf den Schlachtfeldern der Reconquista den Tod. Doch vergebens. Die verfluchte Jüdin wurde zum Schutzgeist für den christlichen Herrscher.

Alte Schriften überliefern die Namen zahlreicher Zauberer, Hexen und Heiler, die in Toledo öffentlich und ungehindert ihre verbotenen Künste praktizierten. Wir kennen auch Berichte über eine bedeutende Schule der Magie. Vielleicht war damit die Übersetzerschule König Alfonsos X., des Weisen, gemeint, die Europa die wichtigsten Werke der griechischen und arabischen Antike zugänglich machte. Ketzerisch, hochmütig, melancholisch lockte Toledo die Menschen, die sich nicht in eine festgefügte Gesellschaft einordnen wollten: Genies, Mystiker, Wunderlinge. Ihren Spuren begegnet man überall in der Stadt. Die Calle Hombre de Palo, die Straße des Stockmenschen, erinnert an Juanelo Turriano, der im sechzehnten Jahrhundert die Toledaner mit seinen Erfindungen überraschte. Es waren viele brauchbare Ideen darunter. Aber nicht das geschickte System zur Beförderung des Wassers aus dem Tajo zum Alcázar machte Turrianos Namen unsterblich, sondern ein Holzautomat, den der Erfinder jeden Morgen von seinem Haus zum erzbischöflichen Palast schickte. Auf dem Rückweg trug dieser Vorläufer des heutigen Roboters einen Korb mit Fleisch und Brot: die tägliche Entlohnung des Meisters für seinen originellen Einfall. In Toledo lebte auch Doña Maria de Padilla, die Geliebte von Pedro dem Grausamen. Keiner zweifelte zu ihrer Zeit daran, daß sie zu den Kräften der Hölle Verbindung hatte. Wenn die Kastilier die bösen Geister beschworen, erwähnten sie in den satanischen Gebeten Barrabas und Luzifer nicht öfter als ihren Namen. Der Marquis de Villena, der bedeutende spanische Magier des fünfzehnten Jahrhunderts, wurde häufig am toledanischen Hof empfangen. Sein Haus hat später der Maler El Greco erworben. Hier lebte das mürrische Genie,

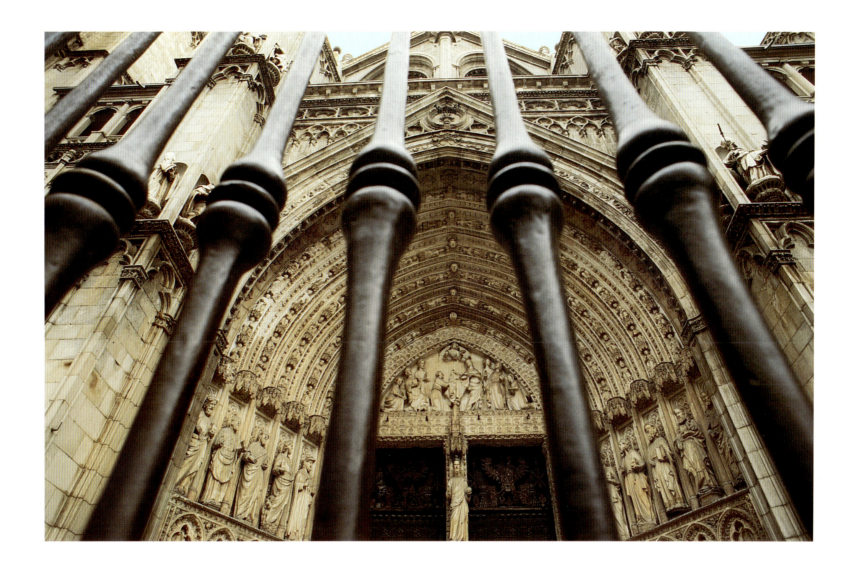

das sonst nirgendwohin paßte und seine ungezügelte Energie auf seine Kunst und unzählige Prozesse gegen seine Auftraggeber verwendete, bis zu seinem Tod. Er hinterließ eine ganze Galerie beeindruckender Gestalten, für die die Bürger Toledos Vorbild gewesen sind. Wenn die Fronleichnamsprozession in historischen Kostümen durch die Straßen der Stadt zieht, glaubt man, die Gesichter wiederzuerkennen, die einst El Greco mit dem Pinsel auf die Leinwand gebannt hat.

Auch als in den verlassenen Palästen Toledos nur noch die Schatten der glanzvollen Vergangenheit umhergeisterten, verlor die Stadt ihre Anziehungskraft nicht. Heute ist sie eine wahre Pilgerstätte geworden. Die zahlreichen Museen beherbergen unbeschreibliche Schätze. Doch das wahre Erlebnis ist die Stadt selbst. Um sie zu verstehen, braucht man Zeit, denn das Geheimnis Toledos entfaltet ähnlich wie guter Wein nicht sofort seine Blume.

ALMAGRO

Eine Stadt an der Kreuzung der Ritterwege

Im Land der Windmühlen

Der Ritter von der traurigen Gestalt hat der Mancha zu Weltruhm verholfen. Zahlreiche Orte dieses Landes der Windmühlen, Burgen und weiten Felder pflegen die Erinnerung an die wundersamen Taten und Abenteuer des mageren Helden und seines treuen Schildknappen.

Die Erde in der Mancha ist wie die spanische Nationalflagge: ein Streifen rot, ein Streifen gelb und dann wieder rot. Die Farben leuchten besonders kräftig, wenn bleierne Wolken, die ein heftiges, erlösendes Gewitter versprechen, über den Himmel ziehen. Doch Gewitter gibt es hier selten. Der ausgetrocknete Boden bröckelt unter den Füßen. Bei jedem Schritt wirbelt Staub auf. Die Luft ist getränkt von dem würzigen Aroma der spanischen Kräuter. Ähnlich würzig schmeckt der feurige Queso Manchego, den man in den Dorftavernen von gedrechselten Holztellern ißt, und auch der Wein, der auf riesigen Feldern in der erbarmungslosen Hitze reift. Abseits der Hauptstraße wirkt die Landschaft nahezu verlassen. Manchmal hat man eine gute halbe Stunde die schnurgerade schmale Landstraße für sich allein. Ab und zu begegnet man einem Bauern, der gemächlich auf seinem Esel reitet, oder es zieht eine blökende Schafherde von einem Weideplatz zum nächsten. Fast jede nennenswerte Erhebung, krönt eine Burgruine, die an die Zeit erinnert, als die Mancha nicht Mittelpunkt Spaniens, sondern umkämpftes Grenzgebiet zwischen der christlichen und moslemischen Welt war. Weiße Windmühlen, die man von weit her sieht, künden die Nähe eines Dorfes an. Ihre Flügel, die immer noch bei jedem Windstoß zucken, drehen sich nicht mehr; sie sind fest angepflockt. Über den Orten, die im Schutz dieser gebändigten Riesen schlafen, liegt betörende Stille. Vor den strahlendweißen Häusern mit ständig heruntergelassenen

grünen Holzrollos schaukeln die Rosen im Wind. Man hört Kinderstimmen, eine Tür fällt irgendwo knarrend ins Schloß, ein Jugendlicher rast auf einem knatternden Motorrad durch die Straße, dann kehrt wieder Ruhe ein. In der Dorfschenke sitzen Männer beim Würfelspiel. Man lehnt sich an die Theke, nippt an einem Glas Rotwein, lauscht ihren merkwürdigen Streiten und Gesprächen, in denen sich Banalitäten mit wildesten Phantasien mischen, so daß man plötzlich die Stimme von Sancho Panza zu hören glaubt, der trotzig sagt: »Und wenn ich auch arm bin, so bin ich doch ein alter Christ und keinem was schuldig, und wenn ich Inseln haben will, so wollen andere Leute wohl noch was Schlimmeres haben, und wenn ich ein Mensch bin, so kann ich wohl Papst werden, wieviel mehr Statthalter einer Insel, vollends mein Herr so viele gewinnt, daß er nicht weiß, wo er damit hin soll.« Und sollte man tatsächlich etwas dergleichen hören, so muß es einen nicht wundernehmen, denn man ist im Land Don Quixotes unterwegs.

Als Cervantes diesen Querkopf und Träumer erfand, zweifelte er nicht daran, daß der letzte Ritter Spaniens, der »närrisch lebte und klug starb«, zur größten spanischen Legende werden würde. Den Geburtsort des Helden wollte er nicht nennen, »damit alle Flecken und Dörfer in der Mancha miteinander streiten können, ihn zu dem Ihrigen zu machen, wie die sieben Städte Griechenlands um Homerus stritten«. Unter allen Prätendenten glaubt Argamasilla de Alba den überzeugendsten Beweis für seine Ansprüche auf den Ritter zu haben. Pilger, die auf den Spuren Don Quixotes wallfahren, werden in eine unterirdische Höhle geführt, die in der Vergangenheit ein Gefängnis war. Darin soll Cervantes seinen Roman entworfen haben. An der gewölbten Sandsteinwand hängen ritterliche Attribute, auf einem kleinen Holztisch steht eine Kerze, daneben liegt ein Federkiel. Welcher Dichter träumt nicht von einer solchen abgeschiedenen Zelle … Es ist nur fraglich, ob diese Höhle auch zu Zeiten von Cervantes so gepflegt ausgesehen hat.

In El Toboso ist ein weiteres Heiligtum zu bewundern. In dieser Stadt, in der Sancho Panza ohne Erfolg nach der Dame suchte, der sein Herr so ergeben diente, lebte, so die Überlieferung, die Geliebte des spöttischen Schriftstellers, Doña Ana Martínez, die Cervantes in seinem Roman als schöne Dulcinea beschrieb. In ihrem Haus wurde ein Museum eingerichtet. Eine wertvolle Sammlung von Don-Quixote-Ausgaben gibt es dort zu bewundern. Als besonderer Schatz gilt das Bett, auf dem Dulcinea ruhte. Zu entscheiden, was echt ist und was nur ersponnen, bleibt jedem Besucher überlassen. Für die Bewohner der Mancha ist der Ritter von der traurigen Gestalt ein Mensch aus Fleisch und

Blut, in dem sie die Züge eines Nachbarn, eines Verwandten oder sich selbst erkennen. Und wenn in jenem Roman, der in Spanien nach wie vor nach der Bibel das meistgelesene Buch ist, geschrieben steht, daß der Hidalgo in einer Schenke in Puerto Lápice zum Ritter geschlagen wurde, so muß es sie geben, diese Schenke.

Und es gibt sie. Das alte typische Gasthaus mit einem

wann als Parador restauriert – dann wird es einer der schönsten Spaniens sein, denn der Blick auf die Mühlen, in das weite Tal und auf die Berge, hinter denen die Sonne untergeht, ist unübertroffen. Bis dahin sollte man sich für den Parador in Almagro entscheiden.

Auf dem Weg nach Almagro kommt man durch die Gegend, die Campos die Calatrava heißt. Dort schließt sich ein

Ritter von der traurigen Gestalt

großen Innenhof und zwölf riesigen Bottichen im Keller ist jedermann in der Mancha bekannt. Auf seiner Tageskarte findet man die gleichen Gerichte aus Hammelfleisch, Linsen und Rebhuhn, die auch Don Quixote einst zu sich nahm. Der Wirt wird nicht müde zu erzählen, wie dem närrischen Hidalgo seine Schenke als ein Kastell mit vier Türmen erschien. Nur eines erwähnt der Wirt nicht: daß wenige Kilometer von Puerto Lápice ein anderes Haus steht, das auch »Venta del Quijote« heißt. Die Kacheln an seinen Wänden stellen verschiedene Szenen aus dem Leben des Ritters dar. Unter den Bildern fehlt natürlich nicht der Kampf gegen die Windmühlen. Diese Mühlen sollen sich in Campo de Criptana befinden. Sie sind wirklich großartig. Leider hat man die lebendige Erde, auf der diese Mühlen seit Jahrhunderten stehen, betoniert, damit es schön ordentlich aussieht. Wer auf Asphalt schlecht träumen kann, sollte nach Consuegra fahren. Dort wurden die Mühlen auf den Kastellberg gebaut, wo es fast immer sehr windig ist.

Vielleicht wird auch die Burgruine von Consuegra irgend-

anderer Reiter dem Ritter von der traurigen Gestalt an. Er ist kräftig und finster und trägt über seinem Harnisch ein helles Mönchsgewand. Es ist der Zisterzienserabt Fray Raimundo Sierra, der 1157 das Schwert gegen den Rosenkranz tauschte und den Ritterorden der Calatrava gründete, um die Mancha vor den Angriffen der vertriebenen Ungläubigen zu schützen. Der asketische Geist lebt immer noch in der mystisch anmutenden Burgruine in Calatrava la Nueva. Diese Burg war in ihrer Anfangszeit Zentrum des Ordens. Die hochmütigen Ritter blieben allerdings nicht lange den asketischen Idealen treu.

Als Almagro zum Hauptsitz der Calatrava wurde, verfügte der Orden über dreiundvierzig Orte, und die Macht seiner Magister wetteiferte mit der der kastilischen Könige. Dieser Anspruch prägte Almagro. Alte Häuser prahlen mit allegorischen Basreliefs und Wappenschildern. Später, als die Glanzzeiten des Ordens vorüber waren, herrschten hinter den prächtigen Fassaden oft einfache Verhältnisse. Das Haus des Mannes, der dieser Stadt im sechzehnten Jahrhundert zu

neuem Leben verhalf, wirkt dagegen sehr schlicht. Jakob Fugger, der geniale Kaufmann aus Augsburg, war nicht eitel, denn er hatte bereits alles erreicht, was er wollte. Nachdem sein Geld Karl V. half, Kaiser zu werden, ließ sich der mit Privilegien überschüttete Nachkomme eines deutschen Webers in Almagro nieder. Seine Freunde und Handelspartner aus Deutschland und Flandern folgten ihm in die Mancha. Zwischen dem wuchtigen Palast des Magisters des Calatrava-Ordens, dem Rathaus und dem Gefängnis bauten sie ihre Läden und Wohnsitze auf. Die flämischen verglasten Veranden stützten sich auf die kastilischen Säulen, deutsches Fachwerk wurde in sattem südländischem Grün gestrichen. Die Plaza Mayor, die in dieser merkwürdigen Verschmelzung verschiedener Kulturen entstand, gilt als eine der schönsten in Spanien. Mit dem Wohlstand kehrte die Lebensfreude in Almagro ein. Alles wurde ein Anlaß zum Feiern. Selbst an die Eremita der Virgen de las Nieves, der Schutzpatronin von Almagro, wurde eine kleine Kampfarena angebaut. Damit die Gottesmutter aus ihrem Schrein die Corridas miterleben konnte, wurde ein Fenster in die Kirchenwand eingelassen. Besonders üppig wurden die Feste zu Ehren des anderen Patrons von Almagro, San Bartolomé, gefeiert. Prozessionen, Musikumzüge, Auftritte von Wanderzirkussen wechselten sich ab. Bis spät in die Nacht wurde auf der Plaza Mayor getanzt und gezecht. In dem ältesten Theater Spaniens, dem berühmten Corral de Comedias, spielte man Stücke von Lope de Vega, Calderón und Cervantes. Die Zuschauer drängten in den kleinen Innenhof mit einem steinernen Brunnen. Unten schlugen sich die Männer aus dem gemeinen Volk um Plätze. Die Galerie war für die Frauen bestimmt. Da erhitzten sich wohl die Gemüter, denn man nannte diese Galerie »cazuela«, der Schmortopf. Ganz oben hatten die vornehmsten Familien der Stadt ihre Logen. Neben diesem Lebensfest blieben nur wenige Inseln der Ruhe. Das Franziskanerkloster, in dem zur Zeit der Parador von Almagro untergebracht ist, war eine davon. Manchmal, wenn die Nacht über die Stadt hereinfiel, klopfte ein hilfesuchender Besucher unschlüssig an das Tor und fragte nach dem Pförtner des Klosters, der wegen seiner Zauberkunst in der Stadt ebenso berüchtigt wie geachtet war. Der Pförtner allerdings, ein untersetzter Mann mit einem runden gutmütigen Gesicht, hielt sich für einen frommen Diener Gottes. In seinem Kampf gegen die Hexen und Hexenmeister, wurde er nicht müde. Man darf annehmen, daß der gutwillige Pförtner alle Hände voll zu tun hatte. Denn unweit von Almagro liegen zwei Orte, die im mittelalterlichen Spanien neben Toledo als die Zentren der Schwarzen Magie galten: das Städtchen San Clemente, dessen Renaissance-rathaus ein frecher Dämon schmückt, und die Lagunen Daimiel, mit denen seit keltiberischer Zeit mancher Aberglaube, der der kultischen Anbetung der Zug- und Wasservögel entsprang, verbunden ist. Diese Lagunen, die im Volk »die Augen von Guadiana« genannt werden, haben ihre magische Anziehungskraft auch heute nicht verloren. Der zauberkundige Pförtner des Franziskanerklosters ist jedoch in Vergessenheit geraten. Anstatt seiner empfängt ein Portier in der Parador-Uniform die Gäste. Er kann so ziemlich jede Frage, die ein Besucher stellt, ausführlich beantworten, aber von dem mutigen Widersacher der Geisterwelt weiß auch er kaum etwas zu berichten. Doch für den Gast, der hinter

Im Parador von Almagro verbindet sich die Schlichtheit eines Klosters mit mediterraner Sinnlichkeit.

sich die Tür einer ehemaligen Mönchszelle schließt, die ihre Einfachheit auch nach der Rekonstruktion behielt, bekommt in der klösterlichen Stille jeder Laut eine tiefere Bedeutung. Man lauscht den hastigen Schritten und gedämpften Stimmen im Gang, dem leisen Plätschern eines Brunnens in einem der vierzehn Patios. Die dumpfe Klosterglocke erklingt. Eine Eule huscht mit klagendem Ruf am offenen Fenster vorbei.

Man beginnt zu träumen …

JAÉN

Schutz und Wache des kastilischen Königreichs

Olivenfelder um Jaén: Tausend Schachbretter, willkürlich in der Landschaft verstreut. Dazwischen liegen wunderschöne Dörfer und Städtchen, jedes hat seinen Schatz, der eifersüchtig mit denen der Nachbarn verglichen wird: eine römische Brücke mit einer alten Stierkampfarena, ein schmucker Marktplatz mit einer Burgruine. Jede Stadt hat einen Dichter vorzuweisen, der ihre Reize besungen hat. Einer ägyptischen Pyramide soll der Schloßberg von Martos ähneln: So rühmte ihn ein Autor aus dem sechzehnten Jahrhundert. Antonio Machado hat von den Ansichten Úbedas geschwärmt: »Zigeunerin und Königin« nannte er diese Stadt.

Man versteht, was er meinte, wenn man in dem Gewirr der arabischen Gassen unerwartet Paläste, Kirchen und Klöster von erhabener Schönheit entdeckt. García Lorca hinterließ poetische Beschreibungen Baezas, wo es hinter den herrschaftlichen Fassaden verwunschene Winkel mit den alten, mit Gras überwucherten Toren, halbverfallenen Portalen und steingepflasterten schmalen Wegen gibt.

Zwischen Baeza und Úbeda liegen die schönsten Olivenfelder Spaniens. Die alten Bäume haben etwas Spukhaftes an sich. Dicke sich verzweigende Stämme ragen aus der Erde, wie die schwieligen Hände der verdammten Geister. In den Falten der rauhen Rinde glaubt man Gesichter zu erkennen. Merkwürdig gedrehte Wurzeln klammern sich am grauen Boden fest.

Die Straße schlängelt sich zwischen den runden Hügeln empor. Plötzlich, nach einer Kurve, treten die Haine zurück, und man schaut ungehindert von den Bergen hinab ins weite Land.

An der Grenze zwischen den Olivenhainen und dem Gebirge liegt Cazorla: weiße Häuser im Schatten eines wuchtigen Schlosses. Die Ruine einer arabischen Festung erinnert daran, daß Cazorla einst ein wichtiger Ort, das Zentrum eines kleinen Königreichs war. 1240 wurde die Stadt von den Christen erobert. Laut der Überlieferung marschierten die Truppen des Bischofs von Toledo Jiménez de Rada in eine leere Stadt ein. Die Araber flüchteten rechtzeitig. Nur die Tochter des Statthalters blieb in dem Keller der Festung zurück. Vergebens wartete das Mädchen, daß man sich seiner erinnerte, doch niemand kam, um es zu holen. Es vergingen Jahre, nach und nach verwandelte es sich in einen Salamander, bis nichts Menschliches an ihm blieb. In dieser Gestalt soll die arabische Prinzessin immer noch unter der Erde leben. Deswegen verbietet der Aberglaube, den Eingang in den Keller der Festung freizulegen.

Salamandern und Drachen begegnet man häufig in spanischen Legenden. Für Jaén haben sie eine besondere Bedeutung. Man behauptet, daß ein Drache einst in dem arabischen Barrio de la Magdalena erschien. Dort ließ er sich an der geheiligten Quelle nieder, die gegenüber der gleichnamigen Kirche sprudelte. Das gefräßige Monstrum holte sich jeden Tag ganze Viehherden aus der Umgegend. Doch damit nicht genug: Es begann die Menschen zu fressen, die zur Quelle kamen, um Wasser zu holen. Niemand wagte, gegen das Tier zu kämpfen, bis ein zum Tode verurteilter Verbrecher sich anbot, im Tausch für sein Leben und seine Freiheit die Stadt von dem Drachen zu befreien. Der Mann rüstete sich mit etwas Schießpulver und einem Sack voll frischgebackener Brote aus und näherte sich furchtlos dem Ungeheuer. Zuerst fütterte er es mit Broten. Als das feuer-

speiende Tier aber das Pulversäckchen schluckte, explodierte es auf der Stelle. Damit wurde dem Schrecken ein Ende bereitet. Diese Legende ist sehr bekannt in Jaén, wo eine Art Drachenkult gepflegt wird, denn an das Ungeheuer knüpfen sich viele phantastische Geschichten. So glaubt man, daß die Begrenzungslinien der Altstadt Jaéns einem Drachenbild ähneln. Ein Drache kommt einem auch in den

Im Zeichen des Drachens

Nach der Eroberung Spaniens zogen die Araber nördlich der römischen Via Augusta einen neuen Karawanenweg. Dieser Handelsstraße verdankt das maurische Jaén seinen Namen und seinen Wohlstand. Doch die Zeit des Friedens war kurz …

Sinn, wenn man die Mauer und die Türme der Festung auf dem Catalina-Berg sieht. Ein Basrelief an der Kathedrale von Jaén stellt den Drachen dar, wie er zu Füßen der Gottesmutter liegt.

Der Ursprung dieses Kults verliert sich im Dunkel der Zeit, vielleicht ist er genauso alt wie die Stadt selbst: Sie wurde von den Karthagern gegründet. Damals hieß sic Auringis. Die Römer, die die Erinnerung an die verhaßten Karthager vernichten wollten, zerstörten alles, was sie vorfanden, und bauten die Stadt dann wieder als Flavia auf. Von Flavia ist wenigstens etwas erhalten geblieben: Unter der Plaza de Toros wurden bedeutende Reste einer römischen Kampfarena gefunden. Als die Araber nach Spanien kamen, verlegten sie eine wichtige Handelsstraße über die andalusischen Höhen. Flavia wurde zu Giyen, was nichts anderes als »Karawanenweg« bedeutet.

Unter den Arabern erlebte Jaén seine Blütezeit. Es florierte der Handel, in den nahe gelegenen Minen wurde Silber gewonnen, es fehlte nicht an Mittel, um sich in dieser heißesten

Region Spaniens mit allem Komfort einzurichten. Wie überall im Land legten die neuen Herrscher wunderbare Gärten in Jaén an. Der moderne Park Alameda, von dem die Bürger der Stadt heute so schwärmen, soll nur ein schwaches Abbild dieser Gärten sein. An den heilenden Quellen errichteten die Araber prunkvolle Bäder, die ein unterirdischer Gang mit dem königlichen Palast verband. Die Reste dieser Anlage – beeindruckende Gewölbe, getragen von eleganten Säulen – kann man bis heute bestaunen.

Doch die Zeiten des Friedens und Wohlstands waren kurz: Mehr als einmal wurde Jaén erstürmt, erobert, geplündert, zerstört. Dort, wo Könige der arabischen Lebenskunst frönten, ließen sich später Mönche nieder. Die Lebensfreude schwand, dafür bekam die Stadt den ehrenvollen Titel »Schutz und Wache des kastilischen Königreichs«. Nur das alte Viertel, das ehemals unterhalb der Festungsmauer lag, ist fast unverändert erhalten.

Was immer in der Stadt geschah, im Barrio de la Magdalena wurden jedes Jahr die Wände der dicht aneinandergebauten Häuser mit rosa und weißer Farbe gestrichen und

Ein arabisches Märchen

Ein Märchen aus Tausendundeiner Nacht ist das arabische Barrio de la Magdalena nicht mehr. Das moderne Leben hielt auch hier Einzug. Aber in den Gassen, die für Autos zu eng sind, gibt es noch Plätze, wo alles geblieben ist wie eh und je.

die Stufen ausgebessert, die das Gehen in den steilen Gassen erleichterten. Sobald die ersten Schatten das erhitzte Gemäuer etwas abkühlten, stellte man die Stühle vor die Tür und machte es sich bequem. Einige Gassen waren so eng, daß Spaziergänger buchstäblich über die Füße der Sitzenden stolperten. Doch niemand fühlte sich dadurch gestört. Man tauschte die letzten Stadtneuigkeiten aus, die Frauen beschäftigten sich mit ihren Handarbeiten. Ihnen zu Füßen spielten die Kinder. Aus den kleinen Gärten, die hinter hohen Zäunen blühten, strömten abendliche Düfte.

Je tiefer die Sonne sank, desto dunkler und wuchtiger wurde die Silhouette der Festung oben auf dem Berg. In dem Barrio de la Magdalena sah man sie fast von jeder Stelle. Unerschütterlich gemahnte sie daran, wie flüchtig und zerbrechlich die Augenblicke der Ruhe sind. Darüber hinaus versprach der Weg auf die Festung Schutz und Sicherheit. Hinter die Mauern, die König Ferdinand III. nach der Rückeroberung Jaéns verstärken ließ, flüchteten die Bürger von Jaén bei drohender Gefahr.

Heute steht das Tor zur Burg immer offen: In der alten Festung ist ein Parador untergebracht. In den riesigen Hallen mit ausladenden Gewölben fühlt man sich klein und verloren; die vergitterten Fenster sind mindestens vier bis fünf Mann hoch. In dem prachtvollen Kamin brennt Feuer; die geschickt angebrachten Leuchter betonen die rauhe Schönheit des freigelegten Mauerwerks. Zahlreiche Details, der

Blick durch die Schießscharten, stilisierte oder antike Plastiken, alte Kerzenständer und Möbelstücke helfen der Phantasie, die Brücken in vergangene Zeiten zu schlagen. Hinter dem Parador überwachen schwere eckige Türme den geräumigen Platz. Wie die Verteidiger der Festung das einst taten, schaut man durch die Zinnen der Mauer hinab auf die Stadt und über das weite Land. Mit den Augen kann man von oben den Gang durch die Altstadt nachzeichnen: Dort ist die Kathedrale, dort die Magdalenenkirche, etwas weiter das Rund der Kampfarena und dahinter die Neustadt mit weißen Hochhäusern. Ganz nahe liegt das arabische Viertel: Ein Labyrinth aus Straßen, Sackgassen und rechteckigen Innenhöfen. Hier und da sieht man die schlanken Zypressen, die die alten orientalischen Romanzen in Erinnerung rufen. Eine besonders schöne und alte Zypresse soll früher in der Festung gestanden haben. Man sagt, sie wuchs von alleine auf dem Grab der Tochter eines Kommandanten der Festung und ihres Geliebten, eines muslimischen Häftlings. Diese Zypresse wurde als Symbol der Liebe und Treue verehrt, bis jemand sie heimlich gefällt hat, um aus ihrem Holz, das besonders schöne Töne hervorbrachte, Musikinstrumente herzustellen. Alte Menschen erinnern sich noch an die Stelle im Innenhof, wo die Zypresse gestanden hat. Dieser Platz hat etwas Trauriges an sich. Er ist ziemlich geräumig, aber man kann sich leicht vorstellen, wie eng es hier wurde, wenn Belagerung und Krieg die Bewohner Jaéns zwangen, in dem Kastell Schutz vor den Feinden zu suchen. In einem der Türme des Platzes befindet sich die Kapelle der heiligen Catalina, die König Ferdinand III. nach der Rückeroberung Jaéns errichten ließ. Die Kapelle ist winzig klein und ähnelt einem Schmuckkästchen. Arabische Ornamente und blaue Sterne verzieren die Innenwände. Zierliche hellgrüne Salamander laufen zwischen den Sternen umher. In der Nische steht das wunderbare Bildnis der Heiligen, die die Schutzpatronin der Stadt ist. An sie wandte man sich in schweren Stunden. Dann trug man sie ins Freie, so daß jedermann sie sehen und um Schutz bitten konnte. Die schwere goldene Krone strahlte in der Sonne, das kleine ernste Gesicht schaute etwas hilflos auf die betende Menge, das reich bestickte Gewand fiel in steifen Falten herab. Die Prozession ging um die Festungsmauer – und meistens half dieser feierliche Umzug, denn die Festung von Jaén hatte nicht umsonst den Ruf einer uneinnehmbaren Zitadelle.

Einmal im Jahr wird die Tür der kleinen Kapelle auch jetzt noch geöffnet. Am 25. November füllt sich wie eh und je der Innenhof der Burg mit festlich gekleideten Menschen. Die Bürger von Jaén verehren an diesem Tag ihre Schutzherrin. Wieder einmal erblickt die heilige Catalina anstatt des gemalten den echten Himmel. Der feierliche Zug beginnt in der Stadt und begibt sich langsam auf den Catilina-Berg. Vom Hof aus kann man beobachten, wie die Prozession durch die Gassen des arabischen Viertels zieht. Unwillkürlich schweift der Blick über die hellbraunen, mit handgeschöpften arabischen Ziegeln gedeckten Dächer. Hinaus aus der Stadt, hinein in die Landschaft. Der heiße Dunst verwischt die weichen Konturen der Berge, die das Umland Jaéns begrenzen. Auf den runden Hügeln liegen Olivenhaine, wie tausend Schachbretter willkürlich verstreut.

GRANADA
Irrgarten der Illusionen

Südlich von Granada gibt es eine Stelle, die einen seltsamen Namen trägt: »El suspiro del moro«, der Seufzer des Mauren. Von hier aus blickte der Sultan Boabdil zum letzten Mal zurück auf die Türme Granadas, auf denen bereits die christlichen Banner wehten. Seine Mutter, die ihn in diesem traurigen Augenblick beobachtete, konnte sich ihren Unmut nicht verkneifen: »Du beweinst wie ein Weib das,

Andalusiens schönste Sagen

»Einen Weg für Segelschiffe hat Sevilla. Doch Granada – auf den Wassern von Granada rudern einsam nur die Seufzer.«

García Lorca

was du nicht wie ein Mann verteidigen konntest!« Bevor Boabdil ins Exil nach Afrika ging, zog er sich nach Alpujaras zurück. Wenn man durch dieses Gebiet reist, denkt man oft an das Schicksal dieses unglücklichen Mannes, den die schweren Schatten des Untergangs des maurischen Spanien zu einem Versager machten. Die trostlose Landschaft, in der ein grünes Pinienwäldchen wie »das Glück der Hoffnung auf das Glück« erscheint, stimmt melancholisch. Eine schmale Straße mit Schlaglöchern windet sich um die mit stacheligen, erdfarbenen Gräsern bewachsenen steinigen Hänge. Das Auto bewältigt eine Kurve nach der anderen, plötzlich muß man bremsen: Drei Maultiere, beladen mit schweren geflochtenen Tragkörben, trotten langsam auf der Mitte der Fahrbahn dahin. Sie wechseln ungern den Rhythmus der Schritte, und es dauert eine Weile, bis der Bauer sie an den Straßenrand drängen kann. Er winkt freundlich, sein von der Sonne gegerbtes Gesicht ist so ruhig und selbstzufrieden, daß man ein wenig Neid verspürt: Die Menschen führen hier sicherlich kein leichtes Leben, aber Eile ist für sie

Auf dem befestigten Gelände der Alhambra ließen die Katholischen Könige ein Kloster errichten. In einen Parador umgewandelt, ist es das begehrteste Hotels Spaniens.

immer noch ein Fremdwort. Das Dorf erscheint wie eine kleine fruchtbare Oase. Tief unten schimmert das Mittelmeer, hoch oben leuchtet der Schnee auf den Gipfeln der Sierra Nevada. Dazwischen kleine Felder, Oliven- und Orangenbäume, die Pracht der Mandelblüten.

Die künstlichen Terrassen, auf denen die Gärten und Felder auf der Südseite der Sierra Nevada gedeihen, sind das Werk der Araber. Achthundert Jahre lebten hier die Nachkommen der Wüstensöhne und kultivierten in mühsamer Arbeit das unwirtliche, felsige Land. Als Granada 1492 von den Katholischen Königen rückerobert wurde, begannen die Verfolgungen der Andersgläubigen. Unter Philipp II. wagten sie einen Aufstand, der brutal niedergeschlagen wurde. Die Überlebenden mußten das Land verlassen. Die Christen aus dem Norden übernahmen ihre Häuser und ihre Äcker und lernten mit dem Bewässerungssystem umzugehen, das kühles und reines Quellwasser aus den Bergen herableitete. Bis heute hat sich das Leben in den Dörfern von Alpujaras wenig verändert, aber die Wüste erobert sich dieses Bergland mehr und mehr zurück.

Ein abenteuerlicher Weg führt von dem Dorf Capileira auf die Nordseite der Sierra Nevada. Es ist eine kalte und finstere Gegend, die die heißen südlichen Winde nicht erreichen können. Hier soll der Sultan Mulhacén in völliger Einsamkeit, den Wolken nahe, begraben liegen. Der Gipfel, der seinen Namen trägt, wuchs, so die Saga, aus der Erde empor, um dem Sultan als Sarkophag zu dienen. Der »Sarkophag« wurde 3482 Meter hoch – der höchste Berg Spaniens.

Eine bessere Straße, über die man von der Küste in das Hinterland der Sierra Nevada gelangt, liegt weiter östlich. Auf

In diesem Franziskanerkloster schrieb Washington Irving die Legenden der Alhambra nieder.

dem Weg zum Paß Puerto de la Ragua kommt man durch zahlreiche kleine Bergorte, unter anderem auch durch das »verhexte« Trevélez, das höchstgelegene Dorf Spaniens, das für seinen schneegetrockneten Schinken berühmt wurde. Nach dem Paß öffnet sich ein Blick in die Ebene. Die Luft ist angenehm frisch und klar, die Landschaft nicht mehr so wild und die Straße nicht mehr so kurvig, so daß man sich entspannen und die schöne Aussicht genießen kann.

Das Zentrum dieses hügeligen Landstrichs ist das Städtchen Guadix. Auf den ersten Blick unterscheidet es sich kaum von vielen anderen andalusischen Orten. Alte Häuser scharen sich um die Kathedrale, die unter ihrer barocken Ausstattung die Narben mehrerer »Schönheitsoperationen« verbirgt. Eine Kirche mit gotischen und arabischen Elementen steht unter internationalem Denkmalschutz. Von den Wehrtürmen der arabischen Alcazaba schaut man weit über die Dächer der Stadt hinweg in die Sierra Nevada. Doch kommt man nicht der Sehenswürdigkeiten wegen nach Guadix.

Den Wegweisern folgend, die nach »La cueva museo del arte y tradiciones populares« führen, gelangt man in das Zigeunerviertel von Guadix. Niedrige hellbraune Hügel sind übersät mit weißen tönernen Schornsteinen und Fernsehantennen, die direkt aus dem Boden sprießen. Es sieht so aus, als ob ein böser Zauberer ein ganzes Dorf in die Erde verbannt hätte. Um die Eingänge in die Höhlenwohnungen ist die Tonerde ordentlich weiß getüncht. Paprikazöpfe heben sich von dem weißen Putz ab. Sollen sie vielleicht, wie es die Bücher über den andalusischen Aberglauben beschreiben, die bösen Geister einschüchtern? Eine alte Frau, die gerade den Boden vor ihrer Höhle kehrt, merkt die neugierigen Blicke und winkt einladend. Sie ist stolz auf ihre Höhle: Ihre Familie lebt seit Jahrhunderten darin. »Das hier hat mir meine Mutter vermacht, und die erbte das Ding von der Oma«, führt sie einen kleinen silbernen Mörser vor, den einzigen wertvollen Gegenstand, den sie besitzt. Behutsam stellt sie ihren Schatz zurück in die Nische, die als Regal dient. Tonkrüge stehen auf einer Holzbank, ein kleiner Herd, ein Tisch unter einer einfachen Deckenleuchte und ein paar Stühle sind das ganze Mobiliar. Aber es ist penibel sauber, und man fühlt sich in dem kleinen Raum mit gewölbter Decke geborgen: Es ist gemütlich.

Solche Höhlensiedlungen gibt es einige um Granada herum. Auch in Granada selbst wohnen Zigeuner in Höhlen. Tagsüber ist das Viertel auf dem Sacromonte von Touristen überlaufen. Die Zigeuner zeigen bereitwillig ihre Wohnungen, es gibt Flamencovorführungen und vieles mehr, worüber sich das Touristenherz freut. Man wird immer wieder angesprochen, mal die eine, mal die andere Wahrsagerin greift nach der Hand und flüstert: »Laß mich von deiner Zukunft erzählen!« Ist man einverstanden, so fängt sie an, mit ihrem Finger Linien und Kreise auf der Haut zu zeichnen, und erzählt dabei ein Märchen vom Glück ohne Ende. Fragt man sie, woher sie wisse, wie es kommen wird, antwortet sie lässig: »So steht es im Himmel geschrieben …«

Seit fünfhundert Jahren leben Zigeuner auf dem Sacromonte. Das Wohnrecht sollen sie für die Unterstützung der Christen bei der Eroberung Granadas bekommen haben. Doch von denselben wurden sie immer wieder als Heiden und Zauberer verfolgt. Dabei gibt es, so José Carlos de Luna, in der Zigeunersprache nicht einmal ein Wort für den Begriff »Zauberei«. Ihre Ahnen beteten Mond und Sonne an, beschworen den Regen mit Tänzen und wußten, was der Flug der Vögel vorhersagen kann. Die spanischen Gitanos haben von diesen geheimen Kenntnissen vielleicht noch etwas behalten, doch sind sie keine Mystiker mehr, sondern eher Skeptiker. »Es gibt zweiundsechzigeinhalb Religionen«, sagt ein sehr ironisches Zigeunersprichwort. Die Zigeuner hatten es in Europa nie leicht gehabt, doch in Spanien ist es ihnen gelungen, das zu erreichen, was in allen anderen Ländern

scheiterte: ihre Musik, ihre Traditionen, ihre ganze Lebensart sind ein wichtiger Bestandteil der spanischen Kultur geworden, der aus diesem Land nicht mehr wegzudenken ist. Und weil es so ist, können sie hoffen, daß die schlechten Zeiten für sie nicht mehr wiederkommen.

In unmittelbarer Nähe des Sacromonte liegt das arabische Viertel Albaicín, das für seine typischen Häuser und kleinen Restaurants mit guter Küche bekannt ist. Es ist nicht leicht, in dem dichten Netz schmaler verwinkelter Straßen den Weg zu der Kirche San Nicolás zu finden, aber der Ausblick, den man von hier auf die Alhambra hat, ist die Anstrengung und Zeit des Suchens wert.

Fern jeder Wirklichkeit erscheint dieses letzte und schönste arabische Märchen Spaniens, das entstand, als der Untergang des maurischen Zeitalters schon abzusehen war. Legenden vergleichen die Alhambra mit dem sagenhaften Garten Irem, der im Koran beschrieben ist. Ein Paradies auf Erden sollte es werden, in das man sich zurückziehen und alle Sorgen der Welt vergessen konnte.

Prachtvolle Hallen wurden gebaut. Phantastisches arabisches Stuckwerk, zierliche Arabesken und Lobpreisungen Allahs schmückten die mit filigranen Säulen gesäumten Innenhöfe. Über den prachtvollen Sälen spannten sich verspielte Kuppeln und Holzdecken, zusammengesetzt aus feingeschnitzten Zedernholzteilen. Teiche und Brunnen mit Wasser, das aus den Bergen der Sierra Nevada herabgeleitet wurde, kühlten die Patios. Nichts ist zufällig in diesem Irrgarten der Illusionen, jedes Detail, jede Verbindung ist symbolisch. Auch derjenige, der die Sprache dieser Symbole nicht versteht, fühlt sich von den geheimnisvollen Zeichen und Allegorien angezogen.

Die christlichen Eroberer waren von der zarten Schönheit der Alhambra überwältigt. Der Palast der Nasriden wurde ein Vorbild, das nie erreicht werden konnte.

Um die Faszination der Alhambra zu erleben, braucht man Zeit und Ruhe. Es ist nicht so einfach, in den von Menschen überlaufenen Räumen zu meditieren. Leicht findet sich eine Gelegenheit, wenn man den Aufenthalt in der Alhambra mit einer Übernachtung im Parador von Granada verbindet. Dieser Parador wurde in dem ehemaligen Franziskanerkloster eingerichtet, das im fünfzehnten Jahrhundert von den Katholischen Königen auf dem befestigten Gelände der Alhambra gegründet wurde. Aus den Fenstern dieses begehrtesten Hotels Spaniens schaut man auf die einmaligen Gartenanlagen der Alhambra, auf die Paläste von Nasriden und auf das arabische Barrio de Albaicín. Allmählich wird man für die Harmonie empfänglich, die dieser ungewöhnliche Ort trotz aller Veränderungen nicht eingebüßt hat. Dann kann man sich in die Welt der Legenden der Alhambra

Im Löwenhof der Alhambra, so die Legende, fand der Geliebte der Sultansschwester den Tod. Zusammen mit ihm starben alle seine Angehörigen.

versenken, die der amerikanische Schriftsteller und Diplomat Washington Irving im neunzehnten Jahrhundert in Granada gesammelt hat. Wenn man es nach dieser Einstimmung am nächsten Tag schafft, als erster Besucher den sagenumwobenen Patio de los Leones zu betreten und einige Augenblicke ganz allein dem Licht- und Wasserspiel des Brunnens zuzuschauen, wird man etwas von dem Bann der Alhambra verspüren. Dann wird man auch das alte arabische Sprichwort verstehen: »Es gibt keinen größeren Kummer, als in Granada blind zu sein.«

RONDA

Von Dichtern, Schmugglern und Stierkämpfern

Als die Natur hier am Werk war, schöpfte sie aus voller Kraft und schuf Landschaften von biblischer Dimension. »Berge wie aufgeschlagen, um Psalmen daraus vorzusingen …« So hat Rainer Maria Rilke Serranía de Ronda erlebt und in seinen »unerhörten« spanischen Briefen beschrieben. Sie sollte man übrigens unbedingt auf einer Reise durch diese Gegend bei sich haben.

Ursprüngliche Bergwelt

»Durch die Pässe
der Seele still
und behutsam
schleichen die
Gedanken heimlich
wie Schmuggler.«

Seguidilla

Schauern macht der Blick in die Abgründe, die zu den tiefsten auf der Erde gehören. Phantastisch sind die Formen der Steine in dem Felsengebiet El Risco, merkwürdig das Spiel des Guadares, dessen Wasser in der »Höhle des Verschwindens« versickern und später in der Katzenhöhle wieder zum Vorschein kommen. Zwischen den Pinien- und Kastanienbäumen wachsen riesige Steineichen. Eine von ihnen – die Valdecilla in Parauta – wird wie ein Heiligtum angebetet: Fast zwanzig Meter ist sie hoch, drei Männer können kaum ihren mächtigen Stamm umfassen. Die Einheimischen glauben, sie sei die älteste Steineiche der Welt. Einem Titan ähnelt sie, der sich in der Zeit verirrte und, in der Zukunft aus den Träumen erwacht, erstaunt auf seine kleinwüchsige Nachkommenschaft blickt.

Irgendwo in dieser ursprünglichen Bergwelt lag die Stadt Tartessos, das biblische Tarshish. Wo sie genau war – darüber streiten die Historiker. Reich und sündig soll diese sagenhafte Stadt gewesen sein und so dekadent, daß selbst die Gesetze dort in Versen verfaßt wurden. Ihren Ursprung brachten

Die zarte Schönheit der weißen andalusischen Bergdörfer verleiht dem Umland von Ronda seinen besonderen Reiz.

einige antike Autoren mit den mythischen Cureten in Verbindung. Nach Apollodorus von Athen waren sie Zeitgenossen der Titanen sowie Erzieher und Beschützer des Gottes Zeus. Sie lebten friedlich auf Kreta, bis sie einmal in einen Streit zwischen Zeus mit seiner Gemahlin verwickelt wurden. Nur wenigen von ihnen soll es gelungen sein, dem Zorn des Gottes zu entkommen und zu fliehen. In ihre neue Heimat, so die spanische Überlieferung, brachten sie ihr geheimes Wissen mit. Die Jäger und Sammler der Steinzeit sollen die Cureten, die die Viehzucht und den Bogen schon

kannten, wie Götter verehrt haben. Keine Spur ist von diesen Göttern geblieben, die Steinzeitmenschen aber hinterließen hier zahlreiche Dolmen und Höhlenmalereien, die in den schwer zugänglichen Tälern Jahrtausende überdauert haben.
Eine solche Stelle ist die Höhle La Pileta, die unweit der Stadt Ronda liegt. Ein unterirdischer Fluß hatte sich im Berg

Bergen verstreut liegen, strahlen Frieden und Fröhlichkeit aus. Einer dieser Orte, der im Süden von Serranía de Ronda liegt, heißt auch tatsächlich »Fröhlich«: so wird sein Name Faraján aus dem Arabischen übersetzt. Die Araber haben den Charakter dieser Dörfer geprägt, die einander sehr ähneln und doch nie langweilig wirken: Typisch für alle sind das blendende Weiß der Wände und die weiß konturierten

Wohlwollende Naturgötter

seinen Weg gebahnt und dabei mehrere Räume, Galerien und Gänge geschaffen, die den Menschen der Steinzeit als Kultstätte dienten. Die Wände sind mit Pferden, Stieren, Steinböcken, Rentieren und Menschenfiguren bemalt. Rätselhafte Zeichen und farbige Streifen bedecken die Körper einiger Tiere. Wir können nur ahnen, was diese Zeichen bedeuten und bewirken sollten. Reichte die Kraft der Symbole nicht aus, um das Wohlwollen der Naturgötter zu gewinnen, wurden Menschenopfer dargebracht. In einem Schacht hat man die Knochen einer jungen Frau entdeckt. Grauenhaft ist es, in die schwarze Tiefe zu schauen. Man meint, das vor Todesangst ohnmächtige Opfer und die Zauberpriester zu sehen, die es zum Abgrund treiben. Das tanzende Fackellicht zeichnet verzerrte Schatten auf die Höhlenwände, monotoner Gesang wird immer lauter. Die Spannung erreicht ihren Höhepunkt – und dann geschieht es …
Man ist froh, wenn der Spuk vorüber ist und man wieder im Freien steht. Intensiver denn je genießt man das Licht, die Weite, die klare und reine Luft. Weiße Dörfer, die auf den

Kanten und Firste der hellbraunen Tonziegeldächer. Ganz selbstverständlich sind in diese Dorfbilder die Überbleibsel früherer Epochen integriert. In Jimera de Libar sind Reste eines phönizischen Friedhofs erhalten geblieben. Um 1100 vor Christus kam dieses Händlervolk, angelockt von den Bodenschätzen, auf die Halbinsel. Die Iberer, deren Gastfreundlichkeit in der antiken Welt sprichwörtlich war, haben der friedlichen Invasion keinen Widerstand geleistet. Ebenso freundlich empfingen sie die Griechen, die Spanien im siebten Jahrhundert vor Christus für sich entdeckten, als ein Sturm ein griechisches Schiff nach Tartessos, die Quelle von »Gold und Silber, Elfenbein, Affen und Pfauen«, getrieben hatte. Schwerbeladen kehrten die Schiffbrüchigen heim, »mit einem größeren Gewinn als je zuvor ein Grieche«. Die Römer aber, die als Eroberer nach Spanien kamen, brauchten fast zweihundert Jahre, um das Land zu unterwerfen. Auf ihre Spuren stößt man mehrmals in den Dörfern von Serranía de Ronda: in Algatocín, in Cortes de la Frontera, in Accinipo.

»Denn die Wachen

der Seele sind stets

mit süßen Dingen

leicht zu bestechen.«

Seguidilla

Keltischen Ursprungs soll das Dorf Alora sein, das eines der merkwürdigsten Kastelle Spaniens besitzt. Schon aus der Ferne sieht man die Ruine, die auf dem Gipfel eines steilen Felsens liegt. Dort angekommen, entdeckt man, daß in dem mittelalterlichen maurischen Kastell ein christlicher Friedhof untergebracht ist. Wie in Spanien üblich, ist es eine richtige Totenstadt, in Viertel und Gassen unterteilt, die von den drei- oder vierstöckigen »Totenhäusern« gebildet werden. Farbige Kreuze und Kugeln auf den Giebeln glänzen in der Sonne und wirken irritierend fröhlich. Jede Mauer ist in gleich große Quadrate unterteilt, jedes Quadrat ist eine Gruft. Einige Nischen haben verglaste Türen, hinter denen Plastiken, Heiligenbilder und Kunstblumensträuße stehen. Jeder Verstorbene hat gleich viel Platz wie der andere, nur die Gestaltung der Nischen, die oft recht skurril und pompös ist, verrät einiges über den Status des einzelnen. Es scheint, daß die Bewohner des Dorfes eine besondere Einstellung zum Tod haben. Man wird das Gefühl nicht los, daß hier eher ein sonntäglicher Verwandtenbesuch inszeniert wird. Lange stehen die Menschen vor den Kammern, in denen die Sarkophage aufbewahrt werden. Einige Besucher sind stumm und in sich versunken, andere sprechen leise vor sich hin. Was erzählen sie den Verstorbenen? Die Dorfneuigkeiten vielleicht? Diese gespenstischen Dialoge bringen einen auf die Idee, zu fragen, ob es in Alora Hexen oder Zaubermeister gibt. »Nein«, bekommt man ganz ernst zur Antwort, »Hexen gibt es nicht mehr, aber es gibt Gespenster.« Jede Nacht ziehen die Geister durch das Dorf zum Kastell, eine Kavalkade von Rittern in prächtig geschmückten Gewändern. Die Männer können sie allerdings nicht sehen, nur die Frauen. Wollen diese Ritter an das Jahr 1434 erinnern, als das maurische Alora von den Christen erstürmt wurde? Damals versuchten die Bewohner des Dorfes sich ins Kastell zu retten. Eine Saga aus der Zeit König Juans II. zeichnet ein bewegtes Bild von dieser Flucht: »Da fliehen die Maurinnen und die Mauren in die Burg. Die Frauen tragen die Kleiderbündel, die Männer tragen das Mehl und den Weizen, die fünfzehnjährigen Mädchen tragen das schwere Gold, die kleinen Kinder tragen Rosinen und Feigen. Hoch über die Mauern spannen sie ihre Fahnen …«

Alora fiel, und bald darauf wurde die ganze Gebirgsregion christlich. Es blieb lange unruhig. Bis zum Ende des sechzehnten Jahrhunderts rebellierten die Mauren. Noch 1570 gab es in dem Dorf Benalauría einen Aufstand. Auch später behielt Serranía de Ronda den Ruf einer Gegend, wo man nach eigenen Gesetzen lebte.

Mitten in diesem aufrührerischen Bergland liegt Ronda, »der Ort, recht spanisch zu leben und zu wohnen«, so Rilke, der hier im Winter 1912/1913 einige Wochen verbrachte. Die vermutlich keltische Stadt war im elften Jahrhundert ein maurisches Kleinreich und fiel 1485 an die Christen. Hoch auf einem durch eine tiefe Schlucht gespaltenen Felsplateau gelegen, umgeben von wuchtigen Mauern und geschützt vom Tajo, galt es als uneinnehmbar. Ein Schlupfwinkel für Schmuggler soll es gewesen sein und recht vermögend; denn für eine so kleine Stadt, in der auch heute kaum fünfundzwanzigtausend Menschen leben, sind zweiundsiebzig Paläste eine beträchtliche Zahl. Klein und schmuck sind diese Paläste »hinter Krusten von jährlicher Weiße, jeder mit farbig abgesetztem Portal, und unterm Balkon das Wappen mit etwas gedrückter Helmzier, aber im Schild deutlich, ausführlich und voll wie ein Granatapfel«.

Nicht nur auf ihre Paläste, sondern besonders auf ihre alte Stierkampfarena sind die Bewohner von Ronda stolz. Sie zählt zu den bedeutendsten in Spanien. Hemingway soll sie besucht haben. Der Torero Francisco Romero, der hier im achtzehnten Jahrhundert kämpfte und eine Stierkämpferdynastie gründete, hat sie berühmt gemacht. Bis heute verwenden Toreros die von ihm entwickelten Kampftechniken. Die Darstellungen dieser Techniken und Andenken an bekannte Stierkämpfer kann man in einem kleinen Museum bestaunen, das an die Kampfarena angeschlossen ist.

Ein wahres Geflecht von Legenden und abergläubischen Tabus entstand im Laufe der Jahrhunderte um die Stierkämpfe. Ein Torero vermeidet in seiner Kleidung die Farbe der Trauer – das Gelb. Nach einem Besuch beim Arzt, der die Kämpfe betreut, verabschiedet sich ein Torero niemals mit »Auf Wiedersehen«. Es muß immer »Adiós!« heißen. Die Nummer des Stiers, gegen den gekämpft wird, zieht man nur mit der rechten Hand. In einigen Orten gibt es grundsätzlich keine Dreizehn. Manche Stiere haben »das böse Auge«, sie können verhexen, dem Torero Mut und Gewandtheit nehmen, darum darf man den Tieren nicht in die Augen schauen, wenn sie auf die Arena zulaufen.

So wird mit hundert Regeln die Angst bekämpft, die ein Stierkämpfer eigentlich nicht haben darf. Aber es steckt noch viel mehr dahinter – die Anbetung eines Tieres, das zugleich Beherrscher und Opfer ist, dessen Antlitz die antiken Götter annahmen und das bereits die Menschen der Steinzeit auf dem Fels abbildeten.

Nur wenige Schritte von der Stierkampfarena entfernt liegt die beeindruckendste Sehenswürdigkeit von Ronda: der hundert Meter hohe Puente Nuevo, der die Stadtteile La Ciudad und El Mercadillo, verbindet. Weit unten fließt der Río Gualedavín, aus dieser Höhe ganz unbedeutend, schmal und flach. Er ist der andere, natürliche Architekt, der dieses phantastische Bild mitgestaltet hat.

Dicht an der Brücke liegt der Parador von Ronda. Hinter der klassizistischen Fassade des alten Rathauses aus dem achtzehnten Jahrhundert verbirgt sich ein Neubau. Luftig und lichtdurchflutet sind seine großzügigen Räume, expressive Gemälde schmücken die Wände, die Gesamtstimmung vermittelt das typische Bild spanischer Eleganz, die warm und lebendig ist und mit der sterilen Funktionalität nördlicher Länder nichts gemeinsam hat. Von den Gastzimmern bietet sich ein atemberaubender Blick in die Schlucht des Tajo und in die nahezu grenzenlose Weite. Der gleiche Blick, fast von der gleichen Stelle erlebt, hielt in Ronda Rilke gefangen.

Vieles veränderte sich seit seinem Aufenthalt in dieser Stadt. Sie ist lauter geworden, hat an Abgeschiedenheit verloren. Doch dieses Bild wird wohl noch in hundert Jahren die Menschen nach Ronda locken: »… um das Ganze herum ein geräumiges Tal, beschäftigt mit seinen Feldflächen, Steineichen und Ölbäumen, und drüben entsteigt ihm wieder, wie ausgeruht, das reine Gebirg, Berg hinter Berg, und bildet die vornehmste Ferne. Was die Stadt selbst angeht, so kann sie in diesen Verhältnissen nicht anders als eigen sein, steigend und fallend, da und dort so offen in den Abgrund, daß kein Fenster hinzuschauen wagt …«

CARMONA
Fünftausend Jahre Geschichte

»In Amerika geboren
wird er gern von uns
empfangen; doch in
Spanien eingegangen,
geht in Genua er verloren.
Wer sich ewig ihm
verschworen, kann gar
nicht in Schuld geraten:
stärker als die Potentaten
ist Herr Dukaten.«

Francisco de Quevedo

Siesta: Auf dem Lande bestimmt sie nach wie vor den Tagesrhythmus. Für einige Stunden sind Felder und die penibel sauberen Dorfstraßen Andalusiens menschenleer, man zieht sich zurück – in den Schatten der Innenhöfe, in die Stille des Mit-sich-allein-Seins. Für eine Weile ist es egal, ob man reich oder arm und arbeitslos ist, es scheint, als sei der Wunsch nach Frieden und Harmonie endlich in Erfüllung gegangen. Ruhe und Gelassenheit strahlen die Landgüter der großen Grundbesitzer und die kleinen mit Stroh bedeckten Hirtenhütten aus. Kein Blatt regt sich an den Olivenbäumen. In ihrem spärlichen Schatten sucht das Vieh Schutz vor der Sonne. Unter den schlanken Palmen und im Schatten der Häuser schlafen Pferde. Nichts rührt sich, nur ganz oben schwebt ein Raubvogel, fast ohne seine weit ausgebreiteten Flügel zu bewegen.

»Nenne diesen Zustand nicht Schlaf, denn es ist vielmehr das hellste Wachen, das Aufgehen einer inneren, viel helleren Sonne, als die ist, die dem Auge von außen leuchtet.« Justinus Kerner hat nicht an Spanien gedacht, als er diese Worte schrieb, aber sie kommen einem in den Sinn, wenn man zu erklären versucht, was Siesta ist. In den Stunden, in denen die erbarmungslose Hitze selbst die Vögel zum Schweigen bringt, kann man andalusische Lebenskunst lernen, dieses unbeschreibliche, wohltuende Loslassen, das Untertauchen in einer Traumwelt, die die Probleme des Alltags unwirklich und jedes Getue lächerlich werden läßt.

In den Großstädten hat man kaum noch Zeit und Sinn für die Siesta, schon gar nicht in Sevilla. Voller Gegensätze ist diese Stadt, die mit gleicher Begeisterung ihre Zukunft wie ihre Vergangenheit zur Schau trägt. Herkules soll sie erbaut

Dicht beieinander liegen zwei Schätze Sevillas: die Kathedrale, die die Gebeine Kolumbus' birgt, und der arabische Alcázar, nach der Alhambra von Granada das schönste Kunstwerk des arabischen Spanien.

haben. Cäsar umgab sie mit Türmen und Wällen. Als Gerichtsort mit Namen Hispalis zählte sie zu den wichtigsten Städten der römischen Provinz Baetica. Kurze Zeit war Sevilla die Hauptstadt des Westgotenreiches und später die eines kleinen maurischen Königreichs. 1248 ging es in die Hände der Christen über.

Breite Avenidas, gepflegte Gärten, pompöse Architektur und moderne Industrie – das ist Sevilla heute. Aber genauso prägen unzählige Baudenkmäler das Bild der Stadt. Der wuchtige Goldturm spiegelt sich im stillen Wasser des Guadalquivir. Die bronzene Figur, die den fast hundert Meter hohe Giralda-Turm bekrönt und den unerschütterlichen Glauben symbolisieren soll, dreht sich recht flatterhaft in alle Windrichtungen. Wenn man genauer hinschaut, erkennt man, daß es nichts anderes als ein etwas ausgefallener Wetterhahn ist. Herausforderungen und Merkwürdigkeiten, Ansprüche von gestern und vorgestern mischen sich in dieser Stadt mit futuristischen Visionen. Auf der Isla de la Cartuja, auf der Kolumbus in der Stille eines Klosters einst seine Entdeckungsreise plante, hat sich das supermoderne Messegelände ausgebreitet, eher seltsam als schön und einem Computerbild ähnlich. Jahrhunderte Architekturgeschichte trennen dieses merkwürdige Gebilde von der berühmten gotischen Kathedrale Sevillas. Die Stile haben

Man verirrt sich gern in den Gassen des jüdischen Viertels Barrio Santa Cruz.

sich geändert, doch nicht die Ansprüche. »Und jedermann, der sie sieht, soll uns für verrückt halten«, hieß das Gebot des Domherrn, als 1401 an der Stelle einer zerstörten Moschee der Bau der Kathedrale begann. Die Erbauer der Pavillons der EXPO '92, so kommt es einem vor, ließen sich ebenso von diesem Gebot leiten. Vierzig Millionen Menschen besuchten Sevilla während der Weltausstellung. Die Gäste kehrten wieder heim, zurück blieben die überzogenen Preise und der Traum von einem Wirtschaftswunder, von Reichtum, der plötzlich und unverhofft kommen kann, wie es schon

161

einmal geschehen war, als über Sevilla ein Großteil des Schiffsverkehrs zwischen der alten und der neuen Welt abgewickelt wurde.

Die sterblichen Überreste des Mannes, der Sevilla und ganz Spanien in einen Goldrausch versetzte, wurden in jener »verrückten« Kathedrale beigesetzt, die auch als Ruhestätte der spanischen Könige diente. Größere Ehre konnten die

Morgenstern der Dämmerung

Carmona liegt im Schatten Sevillas. So war es aber nicht immer: In der Antike war Carmona eine der wichtigsten Städte Spaniens. Der kastilische König Pedro der Grausame hinterließ in Sevilla furchterregende Verliese. In Carmona jedoch errichtete er sich einen prachtvollen Palast (heute Parador).

Spanier Kolumbus kaum erweisen, doch ist es nicht sicher, ob im prunkvollen Grab tatsächlich der Entdecker Amerikas ruht. Bevor das Grab entstand, das heute die Besucher Sevillas bestaunen, wurden die Gebeine von Kolumbus mehrmals in Spanien und Amerika umgebettet. Irgendwann, als die Spanier ihre Kolonien verloren, soll eine Verwechslung stattgefunden haben. Möglicherweise wurden die Gebeine eines anderen Menschen genommen. So ist Kolumbus vielleicht für immer in der Welt untergetaucht, die er einst gefunden hatte. In Sevilla aber ist das Kreuz geblieben, das aus dem ersten Gold gegossen wurde, das Kolumbus aus Amerika mitbrachte. Die Bibliothek des Entdeckers wird im Orangenhof der Kathedrale aufbewahrt. Unter den 38 000 Zeugnissen aus der Zeit der Eroberung Amerikas, die im Indias-Archiv ruhen, finden sich Briefe und andere Papiere, die die Hand von Kolumbus schrieben.

In Sevilla hat nicht nur die »goldene«, sondern auch die »schwarze Ära« Spaniens ihren Ursprung. Fast zur gleichen Zeit, als Kolumbus mit den Katholischen Königen Isabella und

Ferdinand über seine Reise beriet, wurden in Sevilla die ersten Ketzer über das »Gäßchen der Inquisition« zur Hinrichtung auf die Plaza San Francisco geführt. Heute trifft man sich auf diesem Platz, um in einer der vielen Bars ein paar Stunden im Gespräch zu verbringen oder um in der beliebten Fußgängerzone Calle de las Sierpes einen Einkaufsbummel zu machen.

Ein anderer Treffpunkt in der Stadt ist das alte jüdische Viertel Barrio de Santa Cruz. Obwohl dieser Stadtteil mit seinen typischen andalusischen Häusern, Blumentöpfen an den Fenstern und gemütlichen, mit der Azulejo-Keramik geschmückten Patios sehr touristisch ist, hat er seinen Charme behalten. Es gibt hier viele Kunst- und Kitschläden. Auf den kleinen Plazas findet man immer in einem der einfachen Lokale Platz. Nicht selten wird die vornehme Stille von rhythmischem Händeklatschen und Gitarrenklängen unterbrochen, kräftige Stimmen singen gekonnt ein paar Sätze zu heißen und sehnsüchtigen Melodien. Mag sein, daß diese jungen Sevillaner, die in Gruppen fröhlich von einem Café zum anderen ziehen, von den Wirten für ein paar hundert Pesetas oder ein Glas Wein als Stimmungsmacher angeheuert werden, warum auch nicht? Spaß macht es trotzdem, und es bringt sehr viel Leben in das weiße Viertel, in dem Rossinis Barbier hauste und auch Carmen und Don Juan nicht fremd waren. Zwei Straßen mit den bedeutungsvollen Namen Calle de Agua und Calle de Vida führen von der Plaza Santa Cruz zum Alcázar, der ehemaligen Residenz der maurischen Könige. Nach der Reconquista wurde die alte arabische Festung völlig umgebaut, doch hat sie ihre orientalische Ausstrahlung dadurch nicht verloren. Es wurden maurische Handwerker eingesetzt. Die Alhambra von Granada diente ihnen offensichtlich als Vorbild. Stundenlang kann man in den prachtvollen Sälen mit arabischem Stuckwerk und kunstvollen Holzdecken spazierengehen oder die verspielten Bilder der Azulejoverzierung betrachten. Auch die wunderbaren Gärten, die Karl V. anlegen ließ, scheinen das Werk maurischer Gärtner gewesen zu sein. Man glaubt hier dem Schatten des letzten arabischen Herrschers Sevillas zu begegnen, der einst hundert Mandelbäume gepflanzt hat, damit die weißen Mandelblüten seine Frau trösteten, die vor Sehnsucht nach dem Schnee krank wurde. Doch die Gärten von Alcázar sind nicht nur ein Platz für idyllische Träumerei. Von ihrem vorderen Teil blickt man direkt in die unterirdischen Kerker, die unter Pedro dem Grausamen Hinrichtungsstätte waren. Dieser exzentrische König, der genauso leidenschaftlich lieben wie hassen konnte, ließ im Alcázar Sevillas für sich einen Palast bauen. Seine Lieblingsresidenz lag aber in Carmona, etwa dreißig Kilometer von Sevilla entfernt.

Mit einem Morgenstern, der in der Dämmerung strahlt, hat König Ferdinand der Heilige Carmona verglichen. Nach dem lauten und von Widersprüchen zerrissenen Sevilla atmet man in dieser friedlichen Stadt richtig durch. Nichts, so scheint es, kann Carmona aus seiner stillen Beschaulichkeit wecken. Alles hat diese Stadt, die zu den ältesten der Welt gehört, gesehen, erlebt, durchlitten. Auf dem Hügel, der die weite Ebene von Baetica beherrscht, gab es schon in der Steinzeit eine Siedlung. In die Stadtbefestigung sollen Steine eingemauert sein, die die Hände der Phönizier und Karthager gelegt haben. Zwei römische Tore, die in der Stadt erhalten geblieben sind, werden bis heute benutzt. In vielen

spanischen Orten findet man römische Brücken und alte römische Straßen, doch nirgends, selbst in der ruhmreichen Italica, deren Ruinen unweit von Sevilla liegen, ist eine Nekropole von solchem Ausmaß wie in Carmona erhalten geblieben. Ganz zufällig wurde sie 1868 entdeckt, nur ein Teil von ihr ist offengelegt. Zweitausend Jahre alte Stufen führen hinab in die Unterwelt. Solange diese Nekropole intakt blieb, stieg man einmal im Jahr die Stufen hinab, um in den reichverzierten Ritualräumen am Totengedenktag ein Festmahl abzuhalten. Zahlreiche Gegenstände, die in den Grüften gefunden wurden, sind in dem kleinen archäologischen Museum ausgestellt. Leere Grüfte stimmen melancholisch. Um so größer ist die Überraschung, wenn man in einer Nische eine kleine Elefantenskulptur entdeckt. Welche Aufgabe hatte hier dieser Bote Afrikas zu erfüllen? Selten findet man Darstellungen dieses Tieres in Spanien. Unwillkürlich denkt man an Hannibal, der mit den afrikanischen Dickhäutern nach Norden zog und die römischen Legionen schlagen wollte. In der »Historia de la Ciudad Carmona«, die 1886 in Sevilla erschien, heißt es: »Die Nekropole von Carmona ist ein prächtiges Buch, das zur Römerzeit herausgegeben, aber viel früher geschrieben wurde.«

Auch spätere Epochen haben in Carmona großartige Spuren zurückgelassen. Platereske Fassaden, barocke Kirchen, ein alter Markt, umgeben von harmonischen Arkadengängen, die beinahe die Atmosphäre eines Klosters ausstrahlen. Jedes Haus hat hier sein eigenes Gesicht und seine eigene Geschichte. Reizvoll ist die Gesamtansicht dieser fünftausend Jahre alten Stadt: Am besten erfaßt man sie von dem Hügel, auf dem das obere Schloß, »Alcázar arriba«, liegt.

Dieses arabische Schloß, das heute den Parador beherbergt, ließ König Pedro I. von denselben Handwerkern ausschmücken, die in dem Alcázar Sevillas gearbeitet haben. Ein Palast entstand, der zu den schönsten jener Zeit gehörte. Erhabenheit und Lebensfreude strahlte er aus und wurde deswegen vom König besonders geliebt. In Carmona wird der König daher auch nicht Pedro der Grausame, sondern Pedro der Gerechte genannt, und die Erinnerung an ihn wird sorgsam gepflegt. Hier wollte er mit seiner Geliebten und seinen Kindern alt werden. Von hier aus zog Pedro I. nach Montiel, wo er von seinem Stiefbruder umgebracht wurde. Wer weiß, was aus Carmona geworden wäre, wenn die Geschichte anders entschieden hätte …

MÉRIDA

Die Römerstadt

Die Römerstraßen, *calzadas romanas* – kaum sichtbare Spuren im Gras, die man überhaupt nur bemerkt, weil ein Schild auf sie aufmerksam macht. Eine von vielen läuft durch die Sierra de Gredos. Am Paß Puerto del Pico überquert der alte Römerweg die moderne Asphaltstraße. Fast immer liegt an dieser Stelle Nebel auf den Bergen. Feucht glänzen graue Pflastersteine, geisterhaft ragt aus der Erde ein grobgehauener Pfosten. Ein Teil der alten Straße führt steil hinunter in den Abgrund, ein anderer verliert sich in der dunstigen Leere. Wenn man die Aufgabe hätte, die Einsamkeit allegorisch darzustellen, könnte man diese Römerstraße malen. Mit welcher Mühe und welchem Aufwand wurden diese Wege gebaut! Stein für Stein, über Berge und durch Täler, kreuz und quer durch Europa. In dem unwegsamen Gebirge Spaniens waren sie besonders wichtig, denn sie stellten Verbindungen her, ohne die es den Römern nicht möglich gewesen wäre, das Land unter Kontrolle zu halten.

Die wichtigste Römerstraße Spaniens verlief entlang der Südküste. Es war die berühmte Via Augusta, die im ersten Jahrhundert vor Christi fertiggestellt wurde. Eine schwierigere und schlechter ausgebaute Straße überquerte die Halbinsel von Norden nach Süden. Sie hieß Via de la Plata, die Silberstraße, und ging bis zum asturischen Gijón an der Atlantikküste. Vermutlich wurden über diesen Weg die Edelmetalle transportiert, die im Lande gewonnen wurden.

Die beiden Straßen kreuzten sich am Fluß Guadiana, der auch Topo, »Maulwurf«, genannt wurde, weil er sich hin und wieder unter der Erde seinen Weg suchte. Kaiser Augustus ließ an dieser Kreuzung eine Stadt errichten, in der er die Veteranen von zwei seiner Legionen ansiedelte. Nach den erschöpfenden Feldzügen im spanischen Norden genossen die Krieger die Muße und vergnügten sich auf die damals übliche Weise. Es wurden grandiose Unterhaltungsstätten

Wege in die Vergangenheit

errichtet. Ein »Las Vegas des antiken Spanien« nannte treffend ein Autor das römische Emerita Augusta. Zu den großen Wagenrennen, die in ganz Spanien bekannt waren, kamen bis zu dreißigtausend Schaulustige in den Circus Maximus. Um die Hälfte kleiner war das Amphitheater, in dem Tierhatzen und Kämpfe stattfanden. Im Theater besangen Chöre die Geschicke der Helden. In Komödien foppten schlaue Sklaven einander und scharfzüngige Dienerinnen brachten sechstausend Zuschauer mit ihren Streichen zum Lachen. Diese deftigen, einfachen Stücke haben ihre Zeit überlebt; in den Sommertagen werden sie jetzt wieder in dem alten Theater Méridas gespielt. Man setzt sich mit einiger Ehrfurcht auf die steinernen Bänke: Sie strahlen, so scheint es, noch immer die Wärme der Menschen ab, die vor zweitausend Jahren darauf gesessen haben. Der tiefblaue Himmel spannt sich über die großartigen Kolonnaden, die den Bühnenhintergrund bilden. Schräg einfallende Sonnenstrahlen machen das Bühnenlicht überflüssig. Zwischen den Säulen stehen antike Plastiken, immer noch harmonisch trotz

Mérida wird oft »Spaniens kleines Rom« genannt. Die Stadt an der Kreuzung der Römerstraßen war eine der bedeutendsten Siedlungen der antiken Hispania.

der Wunden, die ihnen die unerbittliche Zeit versetzte. Nun dürfen die Schauspieler kommen. Was werden sie heute erzählen? Vielleicht vom Sieg des Halbgottes Herkules über den dreiköpfigen Gerion? Es werden verschiedene Stellen genannt, wo Herkules gegen den mythischen iberischen König gekämpft haben soll. Laut Trogo Pompeyo geschah das gerade hier, am Ufer des Guadiana. Nachdem Herkules die wunderbare Rinderherde des Königs Gerion bewältigt hatte (es war die zehnte seiner zwölf berühmten Heldentaten), baute er sich, so der Historiker, einen Palast in Mérida. Er war mit vielen schönen Säulen geschmückt, und einige, heißt es, stehen noch bis zum heutigen Tag. Sieht man die antiken

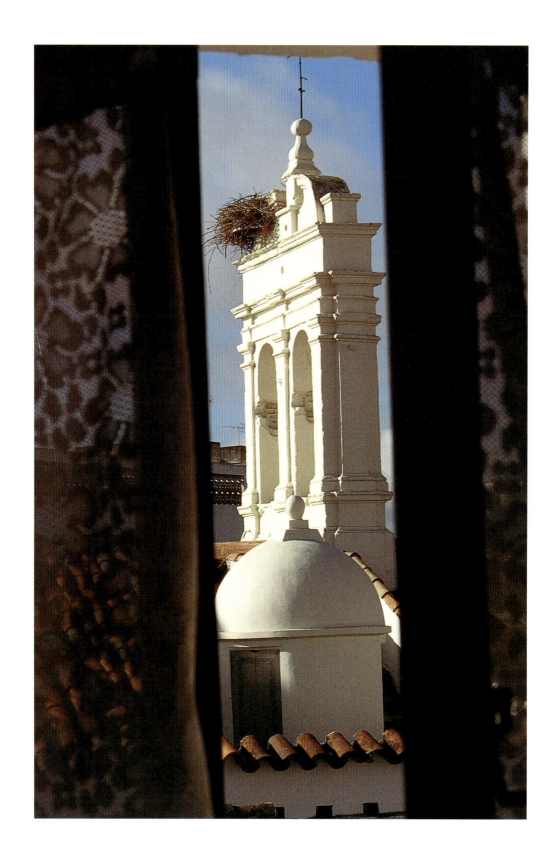

Säulenstümpfe auf der gegenwärtigen Plaza de Santiago in Mérida, so will man dem Chronisten glauben, der manchmal leichterhand Ereignisse und Epochen durcheinanderbrachte. Beim Spaziergang durch die Altstadt bekommt man immer wieder das Gefühl, daß Mérida buchstäblich auf dem Schuttberg von Emerita Augusta lebt. Über den Acueducto de los Milagros, das Wunderaquädukt, das von seinen Doppelbögen allen physikalischen Gesetzen zum Trotz bis heute gehalten wird, wurde bis vor kurzem Wasser in die Stadt geleitet. Zweispurigen Verkehr kann die achthundert Meter lange römische Brücke verkraften. Und selbst die Kitsch- und Kunstläden sind in Mérida römisch: Die Handwerker lassen sich von den Gegenständen inspirieren, die immer wieder aus diesem Römergrund ausgegraben werden. Die vorzeigbaren Fundstücke wandern in das archäologische Museum, das die bedeutendste Sammlung römischer Kunstschätze außerhalb Italiens besitzt. Doch das meiste wird wohl noch lange unter der hellen Stadt liegen, die ihre Fröhlichkeit durch die Jahrhunderte hindurch bewahrt hat.

Nachdem die römische Macht und die römischen Götter gestürzt waren, bedienten sich die Nachkommen ungeniert der Reste der entweihten Heiligtümer. Alte Tempel wurden für neue Bauten Stück für Stück auseinandergenommen. Die Casona del Conde de los Corvos wurde auf den Kolonnaden eines Dianatempels gebaut. Und das Steinbild der dreizehnjährigen Märtyrerin Eulalia, die für ihren Glauben im Jahr 304 in Mérida sterben mußte, ist im Grunde genommen ein heidnisches Idol, eine Römerstatue nämlich.

Auch in dem strahlendweißen Kloster, das jetzt den Parador von Mérida beherbergt, ist die lange Geschichte der Stadt zu verfolgen. Alte Stücke sind in die Innenhöfe und Arkaden integriert. Wie verschlüsselte Zaubersprüche wirken arabische Inschriften auf den romanischen Säulen. Die Kapitelle haben wahrscheinlich die westgotischen Handwerker gefertigt. Aus den Fenstern schaut man auf die maurisch anmutenden Schornsteine und auf einen barocken Kirchturm. Morgens wird man von dem leidenschaftlichen Klappern der Störche geweckt, noch bevor die Stimmen der erwachenden Stadt gedämpft in das Zimmer dringen. Mérida blieb bis heute eine Stadt an der Kreuzung verschiedener Wege. Das verleiht dem Aufenthalt in ihrem Parador zusätzliche Attraktivität, denn man kann sehr unterschiedliche und schöne Gegenden von Mérida aus erreichen. Die Nähe der portugiesischen Grenze ist in Olivenza spürbar, einem peinlich sauberen Ort, der so dekorativ ist, daß man kaum an seine Echtheit zu glauben vermag. Südlich von Mérida, ungefähr auf der Mitte des Weges nach Sevilla, liegt Zafra, eine gemütliche Stadt, die ihren arabischen

Von Parador zu Parador

Auch in dem Parador von Mérida verschmelzen die Epochen zu einem harmonischen Ganzen. Die ungewöhnliche Herberge gilt als einzigartiges Lehrbuch der spanischen Geschichte.

Charakter nicht ganz verloren hat. Weiße Straßen und die Plaza Grande mit Arkaden und Palmen erinnern an die andalusischen Städte, und die wunderbare winzige Plaza Chica mit ihren alten Säulen, Balkonen und maurischen Fenstern erscheint wie ein Bild aus einem orientalischen Märchenbuch. 1241 fiel das arabische Zafra an König Ferdinand III. Später wurden die Duques de Feria Stadtherren. Im fünfzehnten Jahrhundert ließen sie einen Alcázar bauen. Der große Krieg gegen die Mauren ging bereits seinem Ende entgegen. Vielleicht deswegen wirkt der Alcázar viel mehr wie ein Lustschloß als wie eine Festung. Diese liebliche Atmosphäre genießen heute die Gäste des Parador, der in dem Alcázar eingerichtet wurde. Trotzdem kann das Schloß seinen wehrhaften Charakter nicht verleugnen: Ein enger Gang führt in das Innere der mächtigen Wehrmauer. Dort weht immer ein kühler Wind, die dicken Wände riechen nach Feuchtigkeit und Erde, in einem der Zylindertürme entdeckt man verblaßte Fresken, deren nicht mehr entzifferbaren Motive rätselhaft wirken. Durch die Schießscharten kann man auf die Stadt hinabschauen. Der Straßenlärm erreicht die Wehrtürme nur gedämpft; mancher Besucher mag sich einsam und vergessen fühlen. Viel angenehmer ist es, von der Plaza Corazón de María abends auf das Schloß zu schauen, wenn der Mond für wenige Augenblicke von den Zinnen des Alcázar aufgespießt wird, bevor er in den Himmel aufsteigt.

Unweit von Mérida liegen auch andere historische Paradores. Eines der interessantesten Häuser steht in der geschichtsträchtigen Stadt Cáceres.

Auch in Cáceres, das etwa siebzig Kilometer nördlich von Mérida liegt, gibt es einen Parador. Er befindet sich in dem Palacio del Comendador, in dem historischen Kern dieser Stadt, die in die UNESCO-Liste des Weltkulturerbes der Menschheit aufgenommen wurde. Dicke Mauern mit zwölf Türmen, die zum Teil noch aus der Römerzeit stammen, umgeben das monumentale Viertel mit einigen Kirchen und Patrizierhäusern von seltener Schönheit.

Einst stand an dieser Stelle eine keltiberische Siedlung, dann ließen sich die Römer nieder. Die Araber erneuerten die Mauern der Stadt, die seitdem als uneinnehmbar galt. 1229 belagerten die Truppen König Alfonsos IX. Cáceres. Ein Botschafter, so die Überlieferung, wurde zum Statthalter von Cáceres zu Verhandlungen gesandt. Die Tochter des Statthalters sah den Ritter und verliebte sich auf den ersten Blick in ihn. Ihre verhängnisvolle Leidenschaft hatte die Eroberung der Festung zur Folge. Was geschehen war, verstand der Maurenherrscher erst, als seine Stadt schon in Flammen lag. Da verdammte er seine Tochter und bannte sie zusammen mit ihren Dienerinnen unter die Erde. Dort sollten sie bleiben, bis Cáceres wieder arabisch würde.

Nur in der Johannisnacht, wenn die verdammten Seelen von Gott begnadigt werden, darf die Prinzessin ihren düsteren Kerker verlassen. Wenn man sich in dieser Nacht in der Altstadt aufhält, kann man sie in der Gestalt eines goldenen Vogels mit roten Augen sehen. Mit kläglichen Schreien kreist sie über den Dächern der Paläste und verschwindet dann wieder bis zu dem nächsten Jahr.

GUADELUPE
Das Dorf der schwarzen Madonna

Schauerlichen Reiz übt die verborgene Spiritualität der alten Dörfer der Extremadura aus. In einigen besonders abgeschiedenen Winkeln lebt das Brauchtum fort, das die mystische Ideenwelt des extremenischen Volks zum Ausdruck bringt.

Ein typisches Bergdorf in der Extremadura: der Geruch der Jahrhunderte, holprige steingepflasterte Straßen mit flachen Wasserrinnen. Das Auto schafft es gerade noch, sich zwischen den dicht beieinanderstehenden Häusern hindurchzuzwängen. Der regenträchtige Himmel über den Dächern ist grau und schwer: hier, in den Bergen, erkennt man, daß die Extremadura nicht überall den Ruf eines Dürrelandes verdient. Der Putz bröckelt von den Wänden, die nur selten eine gerade Linie haben. Die überhängenden Holzbalkone lassen kaum Sonne in die engen Gassen. Sie alle führen zur kleineren Plaza. Auf einer Anhöhe steht ein altes Steinkreuz. Die Türrahmen der kleinen Läden sind mit Körben und kunstvoll bemalten Tellern behängt. In den farbenfrohen Ornamenten, so scheint es, haben die Bewohner dieses schwermütig-schönen Dorfes ihre ganze Lebenslust ausgelebt. Durch eine offene Hintertür blickt man in eine Werkstatt. Dort sitzt ein jüngerer Mann und stickt ein Fabeltier auf weißes Leintuch. Dieses Motiv schmückt auch die weißen und naturbraunen Wandteppiche. »Es sind Schutztiere«, erläutert der Mann bereitwillig. »Man muß sie sich schenken und zu Hause aufhängen. Die einen sind männliche Talismane, die anderen weibliche.« Er freut sich offensichtlich, daß man sich für seine Arbeit interessiert. Es scheint, daß die Menschen hier trotz der Flut von Touristen noch nicht abgestumpft sind. Die Neugierde beruht auf Gegenseitigkeit. Ganz spontan ist man in ein langes Gespräch verwickelt. Als es zu Ende geht, beginnt gerade die Dämmerung. In dem abendlichen Licht wirken das Steinkreuz draußen auf dem Platz und die wuchtige alte Kirche eher rätselhaft als überzeugend. Die Straßen sind leer und still, nur aus der offenen

ür der Dorfschenke dringen Stimmen, und man weiß nicht so recht, ob sie von Menschen oder von dem rund um die Uhr laufenden Fernseher kommen. Es wird schnell dunkel, und man hat keine Lust, über die kurvige Bergstraße zurück in die Stadt zu fahren; es war mühsam genug, diese Straße bei Tageslicht zu bewältigen, also bleibt man lieber über Nacht in einem einfachen Hotel.

Lebendige Tradition

Ein Drittel der Conquistadores stammt aus der Extremadura. In Trujillo wird der Eroberer des Inkareichs, Francisco Pizarro, verehrt.

Kurz vor Beginn der Nacht klopft der Wirt an die Tür: »Haben Sie gesehen, wie der Tod vertrieben wird?« Man eilt hinaus und sieht in dem blassen Mondlicht einen gespenstischen Zug: Alte Frauen, alle schwarz gekleidet, gehen im Gänsemarsch von einem Haus zum anderen. Jede hält eine Glocke in der Hand. Das rhythmische Läuten klingt dumpf und traurig. Vor einer Nische bleiben die Frauen stehen. »El monumento de la muerte«, flüstert der Wirt. Die Frauen schütteln noch einmal kräftig mit einer drohenden Geste die Glocken und gehen auseinander, stolz auf ihre wichtige Aufgabe. Jetzt kann das Dorf ruhig schlafen.

Solche ursprünglichen Orte wie La Alberca gibt es noch viele in den Bergen der Extremadura. Sie liegen verborgen und abgeschieden in den Wäldern. Diese Region Spaniens ist dünn besiedelt und arm. Die Ebenen werden nicht selten von der Dürre heimgesucht; die fruchtbaren Böden sind überwiegend in Großgrundbesitz, der auf feudale Domänen zurückgeht. Sie werden oft nur für die Jagd genutzt. Es fehlt an Arbeit, und das zwingt viele Extremeños, fern von zu

Hause nach ihrem Glück zu suchen. So war es schon früher gewesen.

Als die Neue Welt erobert wurde, stammte jeder dritte Konquistador aus der Extremadura. 634 davon kamen aus Trujillo. Diejenigen, die ihr Überseeabenteuer überlebten, kehrten schwer beladen zurück und investierten das Gold der Indios in die prunkvollen Paläste, die die Plaza Mayor von Trujillo zu einer der schönsten in Spanien machten. In ihrer Mitte fällt die Statue von Francisco Pizarro auf. Der berühmteste Sohn Trujillos ist als stolzer gepanzerter Ritter dargestellt. Seine Hand hält das edle Pferd im Zaum, das ungeduldig zu trappeln scheint. Nachts, so glaubt man hier, lockert der Ritter die Zügel, das Roß springt von dem hohen Sockel herab und trabt zum Brunnen, um daraus zu trinken. Hinter der Statue liegt die Altstadt, umgeben von einer gewaltigen Mauer. Dort wartet der im Kloster Santa Clara untergebrachte Parador auf seine Gäste. Auf den Türmen der Kirche San Martín schlafen Störche in ihren Nestern. Die seltsamen Schornsteine des Palacio de los Duques de San Carlos, die offensichtlich von den indianischen Eindrücken inspiriert wurden, verleihen dem mittelalterlichen Viertel exotischen Charme. Die Früchte der Orangenbäume scheinen ebenfalls aus dem Überseegold gefertigt zu sein. Eine noble Umgebung für das Steinbild des Eroberers des Inkareiches, der ein einfacher Schweinehirt war und weder lesen noch schreiben konnte.

Amerikas Reichtum kam der Extremadura kaum zugute. Aber es gab hier andere Werte, die nicht so vergänglich waren. Eine verborgene Spiritualität lebt in den einsamen extremenischen Heiden und Bergen. Es ist kein Zufall, daß der machtmüde Kaiser Karl V. gerade in der Extremadura die Seelenruhe zu finden hoffte. Sein ganzes Weltreich hatte er gegen ein bescheidenes Klostergemach – und die wunderbare Landschaft um das Monasterio de Yuste – getauscht. Auch die Katholischen Könige Isabella und Ferdinand fühlten sich von der Extremadura angezogen. Mehrmals pilgerten sie in das Dorf Guadalupe zum Heiligtum der schwarzen Madonna.

Dieses Holzbild der Jungfrau hat ein Hirte aus Cáceres Gil Cordero im dreizehnten Jahrhundert auf wunderbare Weise am Ufer des Guadalupe gefunden. An der Stelle, an der er es ausgegraben hatte, wurde zunächst eine Kapelle, später ein Kloster errichtet. Um das Kloster herum entstand das Dorf, das neben Santiago de Compostela zum wichtigsten Wallfahrtsort Spaniens wurde. Wer nach Santiago ging, stellte sich selbst auf die Probe und jubelte am Ende des Weges, wenn die Prüfung bestanden war. Zur Jungfrau von Guadalupe trugen die Pilger ihren Schmerz und ihren Kummer. Ihr vertraute man das Innigste an, sie, die Fürsprecherin, durfte man bitten, vor ihr durfte man schwach sein. Hier war der Ort der Tränen, nicht des Jubels. Viele Monarchen beteten zu Füßen »der gekrönten Königin Spaniens«. Aber selbst auf den hohen Thron gehoben verlor die schwarze Madonna nicht an Menschlichkeit und Nähe. Vielleicht ist Guadalupe deswegen bis heute ein kleines Dorf geblieben: Der Anspruch von Santiago de Compostela paßt nicht hierher. Die Straßen, die nach Guadalupe führen, haben sich im Laufe der Jahrhunderte nur wenig verändert. Die alten Pfade sind heute zwar asphaltiert, doch noch immer schlängeln sie sich zwischen Hügeln und Bergen hindurch. Man ruht sich im

Die Straßen von Guadalupe strahlen Lebensfreude und Geborgenheit aus.

Schatten der alten Kastanienbäume aus und verliert sich im Anblick der Wasserspiele der Bergflüsse, die auf ihren steinigen Wegen dahineilen. In kleinen Dörfern, in denen anscheinend mehr Störche als Menschen leben, holt man sich etwas zu essen, um später irgendwo in den Bergen anzuhalten und am grünen Straßenrand die weite Landschaft, den Geruch des wilden Thymians und Rosmarins, den Wein, das Brot und Jamón de bellota, den würzigen edlen Eichelschinken, zu genießen.

Schließlich erreicht man das Dorf der schwarzen Madonna.

Neben Santiago de Compostela war Guadalupe der wichtigste Wallfahrtsort des mittelalterlichen Europa. Die schwarze Madonna von Guadalupe wurde zur »gekrönten Königin Spaniens« erklärt.

Es ist vielleicht das schönste Dorf Spaniens, auf jeden Fall etwas Besonderes.
Dort stehen im Schutz des Klosters winzig kleine Häuser. Sie sind einfach und sehr alt. Nicht Adelswappen schmücken sie, sondern Blumentöpfe: Es wächst zwar in den engen Gassen kein einziger bodenverwurzelter Baum, aber man fühlt sich wie in einem Garten, Blumentöpfe reihen sich auf den Fenstern sowie auf und unter den Balkonen, einfach überall. Es scheint hier unter den Hausfrauen einen heimlichen Blumentopfwettbewerb zu geben. Auf dem Platz vor der Klosterkirche funkelt golden das Wasser im alten Brunnen. Kupferne

Töpfe strahlen wie ein Dutzend Sonnen in den Fenstern der Kunstlädchen, die traditionelle Handwerksprodukte von Guadalupe verkaufen. Den Gaumen kitzelt der Duft der deftigen extremenischen Gerichte, der aus den Tavernas dringt. Das Kloster, in dem Gotik, Mudejarstil, Renaissance und Barock zu einem harmonischen Ganzen verschmelzen, wirkt in dieser Umgebung trotz seiner Dominanz eher gemütlich als überwältigend. Man fühlt sich geborgen in seinem wunderbaren Kreuzgang, der von Türmen und Mauern umgeben ist. Selbst Touristengruppen, die immer wieder durch den Kreuzgang zu der Sammlung der Zurbarán-Gemälde und in das Stickereimuseum geführt werden, stören die Ruhe nicht. In dem Raum, der Camarín genannt wird, kann man die Jungfrau von Guadalupe aus der Nähe betrachten. Ein Mönch erzählt ihre Geschichte. Es ist zwar bekannt, daß die Figur aus dem zwölften Jahrhundert stammt, doch man glaubt gern an die Legende, die viel spektakulärer ist. Nach ihr hat der Evangelist Lukas die Gestalt der Jungfrau in Kleinasien geformt. Bis sie nach Guadalupe kam, geschahen viele Wunder. Um sie alle aufzuzählen, reicht die Zeit der Führung nicht. Mit einem Knopfdruck setzt der Mönch den geheimen Mechanismus in Bewegung. Die Jungfrau dreht sich langsam um und wendet ihr schokoladenfarbenes Gesicht den Menschen zu, die vor dem Altar der Klosterkirche beten.

So kniete auch Kolumbus vor ihr und bat um die Unterstützung seiner waghalsigen Pläne. Zweimal suchte er in Guadalupe die Katholischen Könige auf und besprach hier mit ihnen seine Expedition. Im Namen der Jungfrau von Guadalupe wurde die Neue Welt erobert, nach ihr wurden dort zahlreiche Orte, Berge und Flüsse benannt. Vor ihr wurden die ersten Indios getauft, die die extremenischen Konquistadoren aus Amerika nach Spanien geholt haben. Was sollen diese Sklaven der weißen Götter, die sich in der Fremde so einsam, so ausgeliefert, so verlassen vorkommen mußten, vor dem Antlitz der dunkelhäutigen Frau mit dem traurigen, allwissenden, verständnisvollen Gesicht empfunden haben? Sie wirkte genauso fremdartig und einsam hier wie sie selbst, trotz der Scharen von Anbetern, trotz des golden und silbern funkelnden Gewands, in das sie gehüllt ist, trotz des hohen Throns, auf den man sie gesetzt hat. Die Nachkommen der Inkas, Mayas und Azteken müssen sich mit ihr verwandt gefühlt haben. Sie haben sie ins Herz geschlossen, sie haben sie ihre Schutzgeberin, ihre Mutter genannt.

Wenn man Spaniens widersprüchliche Seele, seinen seltsamen, an Grenzgänge gewohnten Geist und seine über die Grenzen hinausgehende Geschichte besser verstehen möchte, sollte man nach Guadalupe gehen, dort in dem Parador Zurbarán, in dem ehemaligen Spital San Juan Bautista aus dem fünfzehnten Jahrhundert ein Zimmer nehmen und sich der Ausstrahlung des geweihten Ortes hingeben. Das schönste von allem ist der Blick aus dem Fenster: magische Sonnenzeichen, weiße maurische Schornsteine mit Sternenschmuck, zierliche Arkaden, Türme, Zeltdächer, Kreuze, Zinnen, alles das eingefaßt in das Rund der dunkelgrünen Berge der Sierra de Guadalupe.

SANTIAGO DE COMPOSTELA
Eine Stadt am Ende der Welt

Der Mensch und das Meer

Finisterre: Ein schroffer Felsen im äußersten Westen Galiciens. Immer unruhig ist hier der Ozean, der in seiner Tiefe gefährliche Klippen birgt. Auf dem Gipfel des Felsens steht ein alter Leuchtturm. Früher, so sagt man, lebten rauhe Menschen in dieser gottverlassenen Gegend. Sie sandten irreführende Lichtsignale aufs Meer und lockten die Seefahrer zur Costa da Morte, der Todesküste. Mehr als hundertmal trugen die grauen Wellen Bruchstücke der gestrandeten Schiffe ans Ufer, dort wurden sie wie Jagdbeute gesammelt. Die Schiffbrüchigen, die das Festland erreichten, freuten sich umsonst über ihre Rettung: Sie wurden erbarmungslos umgebracht, damit keine Zeugen am Leben blieben.

Finis Terrae: Das Ende der Welt. So wurde diese triste Stelle von den Römern genannt. In Galicien gibt es viele Gegenden, die diesen Namen ins Gedächtnis rufen. Schmale, kurvenreiche Straßen führen dorthin. Irgendwo ganz hoch oben, inmitten des zerklüfteten Gebirges, enden sie. In den Dörfern, die dort liegen, ist die Zeit noch nicht vergessen, als man ohne Strom und ohne Fernsehen auskam. Zwischen den niedrigen Häusern mit flachen, feucht glänzenden Schieferdächern wirken die wenigen Autos wie die Sendboten eines fernen Planeten. Winzige Felder, immer wieder unter den Erben geteilt, kann man oft gar nicht mit moderner Technik bearbeiten. Wie vor Jahrhunderten ziehen geduldige Ochsen den Holzpflug über die Äcker. Die Bauern streuen

> »Eile nicht, geh sachte,
> denn du gehst ja zu dir selber!
> Geh sachte und eile nicht,
> das Kind deines Ichs,
> das neugeborene, ewige,
> kann dir nicht folgen!«
>
> — Juan Rámon Jiménez

mit der Hand den Samen in die Furchen. Tiefe Melancholie, Nebelschwaden gleich, liegt über der verregneten Landschaft, schaut aus den Augen der wortkargen Menschen, die so wenig der gängigen Vorstellung vom lauten, temperamentvollen Spanier entsprechen. Man kann sich nur wundern, wenn man erfährt, daß die Galicier Weltmeister im Feiern sind.

Dreitausendachthundert Gemeinden gibt es in diesem Land der kleinen Dörfer und einsamen Weiler. Jede Gemeinde feiert, abgesehen von den allgemein üblichen religiösen Festen, ihre eigenen. Der Dudelsack, den die Kelten um 1000 vor Christus nach Galicien mitgebracht haben, und das Tamburin kommen rund ums Jahr nicht zur Ruhe. In manchen Dörfern sind galicische Tänze keltischen Ursprungs erhalten geblieben. Ebenso beliebt sind die typisch spanische Jota, aber auch der Walzer, die Mazurka und der ungarische Galopp, Tänze, die Gott weiß wie in diese entlegenen Berge gelangt sind und zum Teil unter galicischen Namen weiter gepflegt wurden. Urtümlich sind die Feste der Pferdezüchter in den Provinzen Lugo, A Coruña, Pontevedra, Karnevale in Lanza und in Xinzo de Lima, das lustige Magosto-Fest, zu dem die ersten Maronen gebraten und der junge Wein gekostet wird.

Etwas ganz Besonderes sind die gastronomischen Feste. Mehr als hundert soll es hier geben. Wo sonst findet man so unmißverständlichen Ausdruck von Lebensfreude? Das Fest des Eintopfs wird in Lalín gefeiert, in Arzúa wird der Käse geehrt. Das Fest des Paprikas wird in Padrón zelebriert. Es gibt auch Feste der Meeresfrüchte, der Krake.

An manchen Feiern nehmen selbst die Toten teil.

Der Totenkult und der Geisterglaube gehören zum Weltbild der Galicier. Es heißt, die Seelen der Verstorbenen verlieren nicht sofort die Verbindung zur Erde. In verschiedenen Gestalten kehren sie immer wieder zurück: die einen, weil sie noch ihre Sünden und Schulden büßen müssen, die anderen aus Gewohnheit, die dritten, weil sie ihre Nächsten lieben und ihnen behilflich sein wollen. Auf den Vorplätzen einiger galicischer Kirchen stehen Tische, auf denen sich die Almosen für die Seelen ansammeln: Hähnchen, Hammelfleisch, Brote. An der Straße findet man kleine Kapellen, vor denen ebenfalls Gaben für die Toten zurückgelassen werden. In der Christnacht werden die Tische in manchen Dörfern nicht aufgeräumt und das Feuer nicht gelöscht, damit die Seelen an dem Festmahl teilnehmen und sich wärmen können.

An der atlantischen Küste liegt ein einsamer Wallfahrtsort, der vor allem für die Pilgerfahrten der Seelen der Verstorbenen bestimmt ist.

Texeido ist ein so kleines Dorf, daß es auf den meisten Karten gar nicht verzeichnet ist. Steile Felsen stürzen dort fast senkrecht ins Meer. Ein Kreuz scheint die Berge und die Fluten zu segnen. Um die kleine Kirche, die lustig wie eine Kinderzeichnung ist, stehen im Schatten der Bäume einige Häuser. An der Kirchenpforte bieten Frauen kleine Blumensträuße an. Die Wiesenblumen sind Glücksbringer, denn der Apostel Andreas hat sie eigenhändig gepflanzt, als er in Texeido an Land ging. Ein galicisches Sprichwort sagt: »Wer zu Lebzeiten zum San Andrés nicht kommt, der pilgert zu ihm nach dem Tode.« Die Almas, die Seelen, die von überallher zu dem Apostel eilen, begeben sich, so die Überlieferung, in der Gestalt von kleinen Tieren auf die Pilgerschaft.

In den traditionellen Getreidespeichern Horreos sind Vorräte gut aufgehoben: Weder Mäuse noch böse Geister kommen an sie heran.

Daher achtet man auf dem Weg nach Texeido sehr darauf, daß kein Wurm, kein Frosch, keine Schnecke unter die Räder kommt.

Überhaupt gibt es in Galicien viele phantastische Vorstellungen von den Tieren. Seit der Antike wußte man den Flug der Elster zu deuten. Von den Eidechsen gilt, daß sie Freunde der Männer und Feinde der zänkischen Frauen sind. Fängt man sie und sperrt sie in eine Kiste, so schreiben sie auf dem Roggenmehl die Lotteriegewinnzahl, doch so verschlüsselt, daß es nur selten gelingt, die Ziffern richtig zu erraten.

Besonders bei den Landarbeitern sollen diese kleinen Wesen beliebt sein, weil sie die Bauern wecken, die auf ihren Feldern ausruhen, falls eine Schlange den Schlafenden zu nahe kommt. Der Hahn ist so etwas wie ein Schutzgeist. Er kümmert sich um den Wohlstand seiner Herren. Manche galicische Läden schmückt ein Papierhahn, zu dessen Füßen folgender Spruch zu lesen ist: »Auf Kredit wird verkauft, nur wenn der Hahn kräht.«

Eine Hahnenfigur – zusammen mit einem Kreuz – sieht man nicht selten auf den Giebeln der alten galicischen Getreidespeicher. Die Horreos sind aus Granit gebaut und werden auf Pfeiler gestellt, damit keine Mäuse an das Korn kommen. Besonders schöne und alte Horreos gibt es in dem Fischerdorf Combarros. Die Horreos stehen zwischen Dorf und Strand und sehen aus wie Hexenhäuschen. Der alte Dorfkern, der direkt am Hafen liegt, ist sehr ursprünglich erhalten. Auf dem winzigen Platz steht ein mittelalterliches Kreuz. Die Gassen sind so eng, daß die Bewohner der gegenüberliegenden Häuser sich von Balkon zu Balkon umarmen können. Ein kleines Fischrestaurant, dessen Eingang man nur mühsam findet, bietet unübertroffene Küche und einen schönen Blick aufs Meer.

Die galicische Küste ist noch weitgehend verschont von großen Hotelkomplexen des modernen Tourismus. Wer sich auf die Suche macht, findet noch Stellen, die fast unberührt geblieben sind und sehr viel Atmosphäre haben. Muxía ist ein solcher Ort. Ein öder Strand, ununterbrochenes Auf und Ab der Wellen, zwischen den riesigen, vom Ozean glattpolierten Steinen stehen ein Leuchtturm und eine einfache Kirche. Es ist das Heiligtum der Virgen de la Barca. In Muxía soll die Gottesmutter an Land gegangen sein. Der Kahn, der sie nach Galicien brachte, liegt, in Stein verwandelt, immer noch am Strand. Dieser Stein soll verschiedene Krankheiten, vor allem Rheuma, heilen. Unschuldige Menschen, so der Aberglaube, können diesen tonnenschweren Klotz bewegen, doch ist es lange her, seit dies zum letztenmal geschah.

Die Stelle, an der das Schiff mit den Gebeinen des Apostels Jakobus anlegte, ist nicht sehr romantisch. Im sechsten Jahrhundert wurde der Sarg des enthaupteten Heiligen aus Palästina nach Padrón gebracht. Man wollte das Heiligtum vor den Sarazenen verbergen und wählte Galicien, wo der Apostel missioniert hatte: Einen noch abgelegeneren Ort kannte man nicht, denn es war hier schon das »Ende der Welt«. Zu Beginn des neunten Jahrhunderts sah ein Einsiedler ein wundersames Sterneleuchten über dem freien Feld. Zusammen mit einigen Hirten folgte er dem Zeichen und fand das verborgene Grab. Alfonso II. ließ darüber die erste Kirche erbauen. So entstand Santiago de

Compostela, eine Stadt, die in ihrer sakralen Bedeutung oft mit Rom und Jerusalem verglichen wird.

Die Jakobspilger erblicken die Türme der Stadt schon aus der Ferne, vom Monte del Gozo. Nur wer den Weg zu Fuß oder auf dem Fahrrad zurückgelegt hat, kann verstehen, was der Anblick der Stadtsilhouette bedeutet. Das Ende der Strapazen ist nah, aber es heißt auch Abschied nehmen.

Zentrum der Mystik

Noch wenige Kilometer und man erreicht die Stadt, in der für den Besucher die Grenzen zwischen Wirklichkeit und Schein verschwimmen. Ein ähnliches Gefühl vermittelt nur Toledo. Je mehr man sich der Kathedrale nähert, desto älter werden die Straßen. In Santiago wird man nicht selten von Regen überrascht, der, wie die Galicier sagen, in dieser Stadt zur Kunst wird. Bei etwas tristem Wetter ist die Stadt am schönsten. Durchnäßt flüchtet man in eines der kleinen Cafés. Unter den Gästen gibt es immer einige Pilger. Es ist beneidenswert, wie leicht sie zusammenfinden: Der Weg verbindet die Menschen.

Wenn der Regen aufhört, werden die Straßen wieder belebt. Die grauen Fassaden trocknen schnell und werden heller. In dem Galeriebogen eines alten Hauses stehen zwei junge Mädchen und singen galicische Lieder mit einer solchen Leidenschaft, daß es scheint, als musizierten sie nicht wegen der Groschen, sondern weil die Akustik besonders gut ist. Vor der Kathedrale langweilen sich Souvenirverkäuferinnen, die keine Stände haben, sondern sich ganz einfach die silbernen Kreuze und Jakobsmuscheln umgehängt haben. Nachmittags ist die Kathedrale halb leer. Dann wird ihre Größe zu einem Erlebnis. Während des Gottesdienstes finden Tausende von Gläubigen darin Platz. Wer eintritt, den erwartet hinter dem barocken Eingangstor eine Überraschung: das schönste Portal Spaniens, der Pórtico de la Gloria. Auf seiner mittleren Säule, die den Weltenbaum symbolisiert, sitzt der Apostel Jakobus, der Mittler zwischen Erde und Himmel. Über seinem Kopf Christus, die Evangelisten, die vierzig musizierenden Könige der Apokalypse. Unter ihm die Menschen. Die Pilger legen ihre Finger in fünf kleine Vertiefungen, die sich nach tausend Jahren Wallfahrt in den Stein eingegraben haben. So begrüßt man einander über die Jahrhunderte hinweg – alle Wallfahrer, die hier gewesen sind, und alle, die noch kommen werden. Auf der anderen Seite der Säule die Statue des Meisters Mateo, der dieses Portal geschaffen hat: Als die Arbeit ausgeführt war, hat man ihn geblendet, damit er kein schöneres Werk mehr schaffe. In den Kreuzgängen reihen sich Beichtstühle aneinander. Diensthabende Priester wenden sich mal zum rechten Fenster, mal zum linken und hören, was ihnen zugeflüstert wird. In der Chorkapelle werden die Reliquien des Apostels aufbewahrt. Im Halbdunkel glänzen silberne Platten und Edelsteine, mit denen die mittelalterliche Holzstatue des Apostels geschmückt ist. Die Pilger umarmen Jakobus, küssen ihn an der Schulter und schauen hinunter auf die

Höhepunkt der Wallfahrt zum Heiligtum des Apostels Jakobus ist der Gottesdienst in der Kathedrale von Santiago de Compostela.

Menge und auf die Priester, die ein riesiges Weihrauchfaß an einem langen Seil bis hoch in das Gewölbe schwingen. Dieser Ritus wird von feierlichen Orgelklängen begleitet.

In unmittelbarer Nähe der Kathedrale steht das alte Pilgerspital, das die Katholischen Könige Isabella und Ferdinand für die Kranken und Bedürftigen erbauen ließen. Heute schlendern in seinen Kreuzgängen mit obszönen Dachfiguren und herrlichen Brunnen die Gäste des Parador »Hostal de los Reyes Católicos«. Dieser Parador gilt als besonders luxuriös. Die Geschichte hat hier ihre Spuren hinterlassen, die fünf größten Antiquitätenhändler Spaniens haben an seiner Aus-

In dem luxuriösen Parador von Santiago de Compostela wird die spanische Geschichte zu einem persönlichen Erlebnis.

stattung mitgewirkt. Hier findet man Suiten mit Antiquitäten möbliert. Aber auch die einfacheren Zimmer sind reizvoll. Aus den Fenstern schaut man auf einen der schönsten Plätze Spaniens, die Plaza Obradoiro, und auf die Kathedrale. Während der Feierlichkeiten zu Ehren von Jakobus im Juli ist ein solches Fenster wie eine Theaterloge. Abends sitzen auf den Treppen der Kathedrale verliebte Pärchen. Ihre Stimmen und ihr Lachen hört man bis spät in die Nacht.

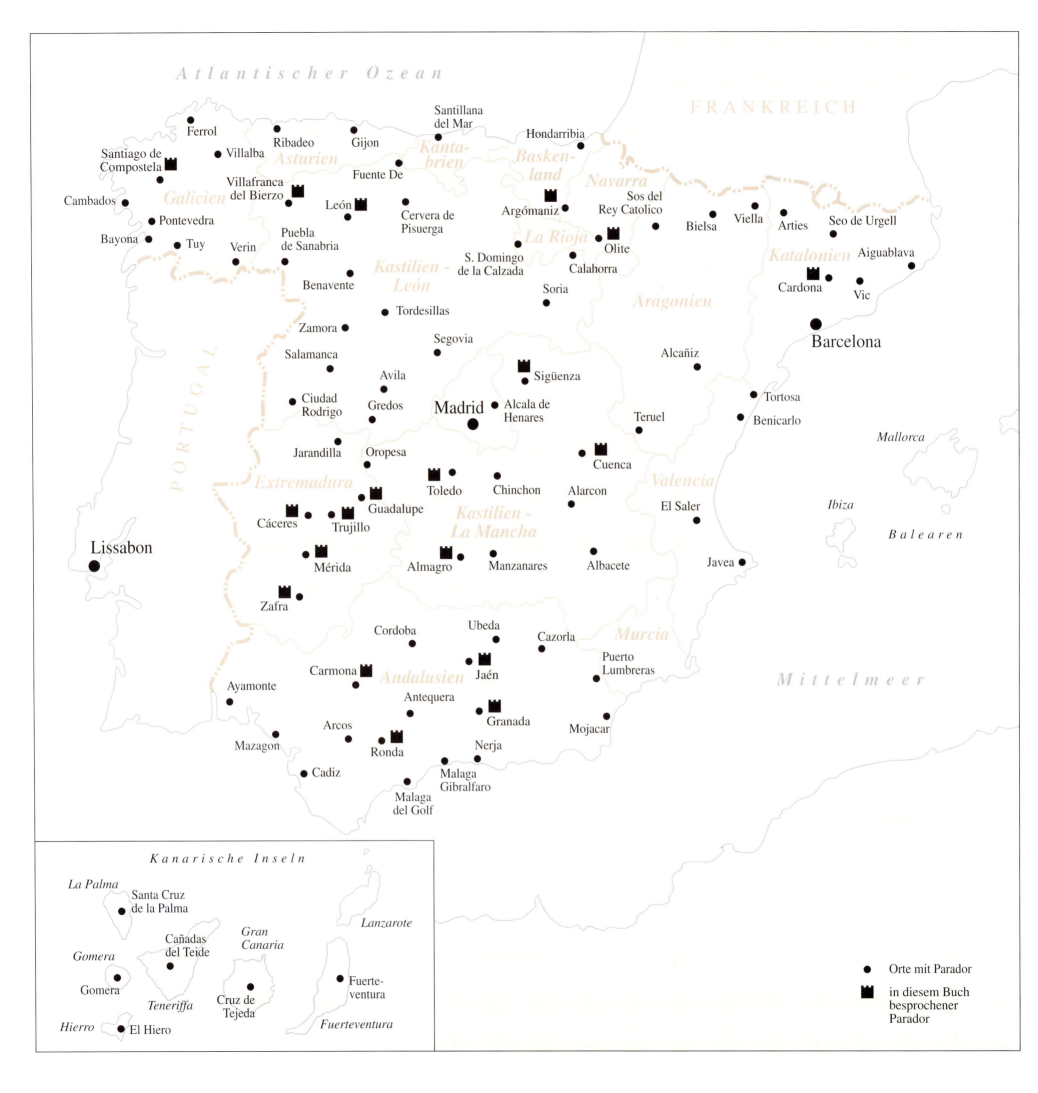

Anhang

Das Netz der spanischen Paradores ist so angelegt, daß die Wege zwischen den einzelnen Häusern bequem an einem Tag zurückzulegen sind. Zimmer können über eine Reservierungszentrale in Deutschland direkt gebucht werden:

IBERO HOTEL RESERVIERUNG
Generalvertretung für die Paradores
in Deutschland
Steinstraße 21
40210 Düsseldorf
Tel. 0211/32 82 12
Fax 0211/32 86 60, 32 89 05

Eine Broschüre mit kurzen Beschreibungen und Abbildungen einzelner Paradores sowie eine Paradoreskarte Spaniens kann man in den Spanischen Fremdenverkehrsämtern in Deutschland anfordern:

Myliusstraße 14
60323 Frankfurt/Main
Tel. 069/72 50 33, 72 50 38
Fax 069/72 53 13

Grafenberger Allee 100
40237 Düsseldorf
Tel. 0211/6 80 39 80
Fax 0211/6 80 39 85

Postfach 15 19 40
80051 München
Tel. 089/5 38 90 75
Fax 089/5 32 86 80

Kurfürstendamm 180
10707 Berlin
Tel. 030/8 82 65 43
Fax 030/8 82 66 61

 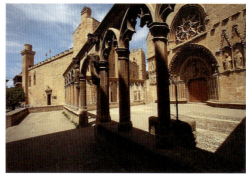 

Cardona
(Provinz Barcelona, Katalonien)

Parador Duques de Cardona **
Mittelalterliche Festung, ehemaliger Sitz der Dueques von Cardona.
7 Einzelzimmer, 48 Zwei-Bett-Zimmer,
1 Doppelzimmer, 1 Suite,
einige Zimmer mit Himmelbett.
Tel. 0034/3/8 69 12 75,
Fax 0034/3/8 69 16 36
(Abbildungen S. 15, 16, 17)

Sehenswert in Cardona:
romanische Stiftskirche Sant Vicenç;
gotische Kirche Sant Miquel;
der Salzsteinberg Muntanya de Sal.

Ausflugsziele:
Barcelona (79 km südlich); das Heiligtum der Schutzpatronin von Katalonien La Moreneta in der eindruckvollen Gebirgslandschaft von Montserrat (45 km südlich); die mittelalterlichen Städte Berga mit der Eremita Nuestra Señora de Queralt (30 km nordöstlich) und Ripoll (77 km nordöstlich); Nationalpark Cerdanya in den Pyrenäen (ca. 60 km nördlich).

Olite
(Navarra)

Parador Príncipe de Viana**
Mittelalterliche Burg, im 15. Jahrhundert Sitz der Könige von Navarra.
1 Einzelzimmer, 33 Zwei-Bett-Zimmer,
2 Doppelzimmer, 7 Suiten,
einige Zimmer mit Himmelbett.
Tel. 0034/48/74 00 00,
Fax 0034/48/74 02 01
(Abbildungen S. 29, 30, 31)

Sehenswert in Olite:
Altstadt,
Kirche Santa María la Real,
Kirche San Pedro,
die Weinkeller Carricas.

Ausflugsziele:
Pamplona (45 km nördlich) und Puente de la Reina (ca. 30 km nordwestlich), beides wichtige Orte auf dem Jakobsweg; das mittelalterliche Dorf Ujué (ca. 20 km nordöstlich); Monasterio de la Oliva (ca. 30 km südöstlich); Roncesvalles, der Schauplatz des Rolandlieds (ca. 80 km nördlich); die Landschaft von Las Bardenas Reales (ca. 15 km südlich).

Argómaniz
(Provinz Álava, Baskenland)

Parador de Argómaniz **
Renaissance-Palast der Familie Larrea (ca. 10 km von der Provinzhauptstadt Gasteiz/Vitoria).
53 Zwei-Bett-Zimmer
Tel. 0034/45/29 32 00,
Fax 0034/45/29 32 87
(Abbildungen S. 43, 44, 45)

Ausflugsziele:
römische Brücke in Trespuentes, die Ausgrabungen einer römischen Siedlung in Iruña, mittelalterliches Dorf Mendoza mit einer Sammlung der Steinmetzwappen und einem Pranger (ca. 20 km östlich); Berglandschaft von Guipúzcoa (ca. 20 km nördlich); Fischerdörfer in der Provinz Biskaya (ca. 90 km nördlich); Weinfelder von Rioja Alavesa (ca. 70 km südlich); Dolmen bei Laguardia (ca. 60 km südlich).

León
(Kastilien)

Parador San Marcos***G.L.
Pilgerhospiz und Kloster aus dem 16 Jahrhundert. Platereske Fassade, Kreuzgang, spätgotische Kirche.
170 Zwei-Bett-Zimmer, 15 Doppelzimmer, 15 Suiten. Zimmer mit Himmelbett und Antiquitäten. Saal mit Täfelung aus dem 16. Jahrhundert.
Tel. 0034/87/23 73 00,
Fax 0034/87/23 34 58
(Abbildungen S. 62, 63, 64, 65)

Sehenswert in León:
Colegiata de San Isidoro mit Pantheon der kastilischen Könige (separater Eingang);
gotische Kathedrale Santa María de la Regla;
Palacio de los Guzmanes;
Casa de los Botines.

Ausflugsziele:
märchenhafte Burgruine in Valencia de Don Juan (33 km südlich); spätgotische Kathedrale, von Gaudí gebauter Bischofspalast mit einem Pilgermuseum in Astorga (46 km westlich); Tempelritterburg in Ponferrada (ca. 100 km westlich).

Eine zusätzliche Übernachtungsmöglichkeit gibt es im **Parador von Villafranca del Bierzo***,
Tel. 0034/987/54 01 75,
Fax 0034/987/54 00 10
(13 km nordwestlich von Ponferrada).
Auf dem Jakobsweg zwischen Burgos und León (Gesamtlänge der Strecke ca. 200 km) trifft man auf die historischen Orte Sahagún, Carrión de los Condes, Frómista, Castrojeriz u.a.

Sigüenza
(Provinz Guadalajara, Kastilien)

Parador Castillo de Sigüenza**
Arabische Alcazaba, später Bischofssitz, in dem Könige zu Gast waren. Thronsaal, romanische Kapelle.
3 Einzelzimmer, 68 Zwei-Bett-Zimmer, 6 Doppelzimmer, 4 Suiten.
Zimmer mit Himmelbett.
Tel. 0034/49/39 01 00,
Fax 0034/49/39 13 64
(Abbildungen S. 71, 72 unten, 73, 75)

Sehenswert in Sigüenza:
mittelalterliche Altstadt,
Adelshäuser, Kathedrale,
Plaza Mayor.

Ausflugsziele:
Altstadt und Festung von Atienza; die Burgruinen in Guijosa und Riba de Santiuste (ca. 30 km nordöstlich); Molina de Aragón (ca. 80 km östlich; die Berglandschaft südlich der Autobahn N II (ca. 20 km südlich).

Cuenca
(Provinz Cuenca, Kastilien – La Mancha)

Parador de Cuenca**
Konvent San Pablo aus dem 16. Jahrhundert.
53 Zwei-Bett-Zimmer, 7 Doppelzimmer, 2 Suiten.
Tel. 0034/69/23 23 20,
Fax 0034/69/23 25 34
(Abbildungen S. 84, 86, 87)

Sehenswert in Cuenca:
hängende Häuser über der Schlucht des Huécar-Flusses;
Kathedrale;
Museum für Abstrakte Kunst;
Diözesanmuseum.

Ausflugsziele:
Ventano del Diablo (Fenster des Teufels) (20 km nordöstlich); Ciudad Encantada (Verzauberte Stadt) (35 km nordöstlich); Las Torcas (22 km östlich); verlassene Stadt in Moya (107 km östlich).

Toledo
(Kastilien – La Mancha)

Parador Conde de Orgaz****
Stilvoller Neubau, schöner Blick auf Toledo.
4 Einzelzimmer, 67 Zwei-Bett-Zimmer,
3 Doppelzimmer, 2 Suiten.
Tel. 0034/25/22 18 50,
Fax 0034/25/22 51 66

Sehenswert in Toledo:
Puente de San Martín;
Alcántarabrücke;
Puerta de Bisagra;
Puerta del Sol;
Moschee Cristo de la Luz;
Kathedrale;
Casa de El Greco mit angeschlossenem Museum;
Synagoge El Tránsito;
Synagoge Santa María la Blanca;
Franziskanerkloster San Juan de los Reyes.

Ausflugsziele:
Maqueda (40 km nördlich); Almonacid de Toledo (ca. 20 km südlich); Orgaz (ca. 35 km südlich); Aranjuez (ca. 50 km östlich); Ocaña (ca. 60 km östlich); Tembleque (ca. 55 km südöstlich).

Almagro
(Provinz Ciudad Real, Kastilien – La Mancha)

Parador de Almagro****
Franziskanerkloster aus dem 16. Jahrhundert.
6 Einzelzimmer, 48 Zwei-Bett-Zimmer, 1 Suite.
Tel. 0034/26/86 01 00,
Fax 0034/26/86 01 50
(Abbildung S. 115)

Sehenswert in Almagro:
Plaza Mayor, eine der schönsten in Spanien;
Corral de Comedias, ein Theater aus dem 17. Jahrhundert,
Calatrava-Kloster;
Palast der Familie Fugger.

Ausflugsziele:
Burg Calatrava la Nueva (ca. 25 km südlich). Nationalpark Tablas de Daimiel (26 km nördlich). Orte auf der Route von Don Quixote: Puerto Lápice mit der Taverna Venta del Quijote (ca. 55 km nördlich); die Windmühlen und Burgruine in Consuegra (ca. 80 km nördlich); Gefängniszelle von Cervantes in Argamasilla de Alba (ca. 60 km nordöstlich); die Windmühlen in Campo de Criptana (ca. 100 km nordöstlich); El Toboso (ca. 120 km nordöstlich).

Jaén
(Andalusien)

Parador Castillo de Santa Catalina****
Arabische Festung aus dem 13. Jahrhundert.
8 Einzelzimmer, 31 Zwei-Bett-Zimmer,
6 Doppelzimmer.
Tel. 0034/53/23 00 00,
Fax 0034/53/23 09 30
(Abbildungen S. 117, 119, 122, 125)

Sehenswert in Jaén:
arabisches Viertel;
die arabischen Bäder;
Kathedrale;
Kirche San Ildefonso;
gotische Kirche La Magdalena;
Kirche San Bartolomé;
Park Alameda.

Ausflugsziele:
die Olivenfelder in der Nähe der Stadt; Altstadt in Baeza (ca. 50 km nordöstlich); spanische Renaissancearchitektur in Úbeda (ca. 60 km nordöstlich); Sierra de Cazorla (ca. 100 km nordöstlich).

Granada
(Andalusien)

Parador San Francisco**
Kloster aus dem 15. Jahrhundert in der Alhambra, gegründet von den Katholischen Königen Isabella und Ferdinand.
Rechtzeitige Reservierung empfehlenswert!
33 Zwei-Bett-Zimmer, 1 Doppelzimmer,
1 Suite, 1 Maisonette
Tel. 0034/58/22 14 40,
Fax 0034/58/22 22 64
(Abbildungen S. 136, 137)

Sehenswert in Granada:
Alhambra;
Generalife;
arabisches Viertel Albaicín;
die Höhlenwohnungen der Zigeuner auf dem Berg Sacro Monte;
Aussichtsplatz neben der Kirche San Nicolás.

Ausflugsziele:
Sierra Nevada; Bergdörfer in Las Alpujaras; Zigeunerviertel mit den Höhlenwohnungen in Guadix (ca. 55 km östlich); die Keramikwerkstätten und Höhlenwohnungen in Purullena (ca. 45 km östlich).

Ronda
(Provinz Málaga, Andalusien)

Parador de Ronda**
Stilvoller Neubau.
Reizvoller Blick in die Tajo-Schlucht.
65 Zwei-Bett-Zimmer, 4 Doppelzimmer,
1 Suite, 8 Maisonetten
Tel. 0034/5/2 87 75 00,
Fax 0034/5/2 87 81 88
(Abbildungen S. 143, 145, 147, 149 oben)

Sehenswert in Ronda:
Altstadt;
die 100 Meter hohe Neue Brücke;
Stierkampfarena aus dem 18. Jahrhundert.

Ausflugsziele:
Serranía de Ronda; Alora (ca. 70 km östlich); Höhle von Pileta mit steinzeitlicher Malerei (14 km südwestlich).

Carmona
(Provinz Sevilla, Andalusien)

Parador Alcázar del Rey Don Pedro**
Ursprünglich maurischer Alcázar,
später Residenz von König Pedro dem Grausamen.
3 Einzelzimmer, 51 Zwei-Bett-Zimmer,
9 Doppelbettzimmer.
Tel. 0034/5/4 14 10 10,
Fax 0034/5/4 14 17 12
(Abbildung S. 167)

Sehenswert in Carmona:
Altstadt;
römische Nekropolis;
Puerta de Sevilla (möglicherweise karthagischen Ursprungs!).

Ausflugsziele:
La Giralda, Kathedrale, Alcázar, Barrio de Santa Cruz in Sevilla (33 km westlich); römische Ruinenstadt Itálica (ca. 10 km nördlich); die Olivenfelder in der Nähe von Sevilla; weiße andalusische Dörfer in den Bergen südlich von Morón (ca. 45 km südlich).

Mérida
(Provinz Badajoz, Extremadura)

Parador Vía de la Plata**
Barockkloster aus dem 18. Jahrhundert, gebaut auf den Resten eines römischen Tempels und einer westgotischen Basilika.
1 Einzelzimmer, 77 Zwei-Bett-Zimmer,
2 Doppelzimmer, 2 Suiten
Tel. 0034/24/31 38 00,
Fax 0034/24/31 92 08
(Abbildung S. 174)

Sehenswert in Mérida:
römisches Theater;
römisches Amphitheater;
römischer Zirkus;
Casa del Anfiteatro;
Casa del Mitreo mit den antiken Mosaiken und Thermen;
Templo de Diana;
römische Brücke, Acueducto de los Milagros;
Kirche Santa Eulalia;
Alcazaba;
Museo Nacional de Arte Romano.

Ausflugsziele:
Zafra (ca. 65 km südlich).

Zusätzliche Übernachtungsmöglichkeiten gibt es im **Parador Hernan Cortés****
Tel. 0034/924/55 45 40,
Fax 0034/924/55 10 18
Tempelritterstadt Jerez de los Caballeros (ca. 40 km westlich von Zafra);
Cáceres (69 km nördlich von Mérida);
Parador de Cáceres**
Tel. 0034/927/21 17 59,
Fax 0034/927/21 17 29

Guadalupe
(Provinz Cáceres, Extremadura)

Parador Zurbarán**
Pilgerhospiz San Juan Bautista aus dem 15. Jahrhundert.
33 Zwei-Bett-Zimmer, 7 Doppelzimmer.
Tel. 0034/27/36 70 75,
Fax 0034/27/36 70 76
(Abbildung S. 190)

Sehenswert in Guadalupe:
Altstadt;
Kloster mit dem Heiligtum Nuestra Señora de Guadalupe.

Ausflugsziele:
Sierra de Guadalupe;
Trujillo (ca. 75 km westlich).

Eine zusätzliche Übernachtungsmöglichkeit gibt es im **Parador de Trujillo****
Tel. 0034/927/32 13 50,
Fax 0034/927/32 13 66
Mozarabische Kapelle San Bartolomé bei Miajadas (ca. 70 km südwestlich); Montánchez mit dem Ausblick Balcon de Extremadura (ca. 40 km südwestlich von Trujillo).

Santiago de Compostela
(Provinz A Coruña, Galicien)

Parador Hostal de los Reyes Católicos***GL
Königliches Pilgerhospital, gegründet 1499 von den Katholischen Königen Isabella und Ferdinand.
Eines der berühmtesten und ältesten Hotels der Welt. Vier besonders schöne Kreuzgänge, Konzertsaal und Ausstellungsraum in der Königlichen Kapelle, über 600 Gemälde in den Galerien und Gästezimmern.
12 Einzelzimmer, 104 Zwei-Bett-Zimmer,
14 Doppelzimmer, 6 Suiten
Tel. 0034/81/58 22 00,
Fax 0034/81/56 30 94
(Abbildungen S. 206, 207)

Sehenswert in Santiago de Compostela:
Altstadt;
Plaza del Obradoiro;
Kathedrale;
Palacio de Gelmírez;
Rathaus;
Colegio de San Jerónimo;
Colegio de Fonseca;
Casa del Cabildo;
Kirche Santa María del Sar.

Ausflugsziele:
Finisterre (ca. 85 km westlich); Heiligtum Virgen de la Barca in Muxía (ca. 75 km westlich); Fischerdorf Combarro (ca. 60 km südlich); Padrón (ca. 20 km südlich).

Quellenhinweise

Helmut Berndt: Sagenhaftes Europa. Bastei Lübbe 1992.

Louis Charpentier: Der Pilgerweg nach Compostela. Goldmann Verlag 1979.

Washington Irving: Alhambra. Droemer 1981.

Rilke in Spanien. Briefe. Gedichte. Taschenbücher. Hrsg. von Eva Söllner. Insel Verlag 1993.

Carmen Rohrbach: Spanien. Goldmann Verlag 1994.

Juan Blázquez Miguel: Castilla – La Mancha. Magia, Superstición y Leyenda. Editorial Everest 1991.

Cristobal Cuevas/Enrique Baena: Cuentas y Leyendas Andaluces. Editorial Arguval 1991.

Juan Eslava Galán: La leyenda del lagarto de la Malena y los mitos del dragón. Universidad de Granada 1992.

Manuel Fernández y López: Historia de la Ciudad de Carmona. Gironés y Orduna 1886.

Antonio Fraguas y Fraguas: La Galicia insolita. Tradiciones gallegas. Ediciós do castro 1993.

José Carlos de Luna: Gitanos de la Bética. Servicio de publicaciones Universidad de Cadiz o.J.

Vicente Mena: Leyendas extremeñas. Ediciones arqueros 1931.

Miguel A. Moreta Lara / Francisco J. Alvarez Curiel: Supersticiones Populares Andaluzas. Editorial Arguval 1992.

Antonio Piga: Los dioses del vino. Editorial Camarasa 1941.

Diego Vazquez Otero: Leyendas y tradiciones malagueñas. Editorial Arguval 1987.

Wenworth Webster: Leyendas Vascas. Miraguano Ediciones 1993.

Der Verlag dankt für die freundliche Genehmigung zum Abdruck:
Seite 28, 70, 156; 196 (übersetzt von Rudolf Grossmann) aus: »Spanische Gedichte«, © Sammlung Dieterich Verlagsgesellschaft mbH, Leipzig; 1960, 1992
Seite 144 aus: »Spanisches Liederbuch«, © Christine Musick
Seite 130 aus: »Poesie der Welt: Spanien«, © Propyläen Verlag, Edition Stichnote